北海道地方

- 北海道（札幌）

東北地方

- 青森県（青森）
- 秋田県（秋田）
- 岩手県（盛岡）
- 山形県（山形）
- 宮城県（仙台）
- 福島県（福島）

中部地方

- 新潟県（新潟）
- 富山県（富山）
- 長野県（長野）
- 岐阜県
- 山梨県（甲府）
- 静岡県（静岡）
- 愛知県（名古屋）

関東地方

- 群馬県（前橋）
- 栃木県（宇都宮）
- 茨城県（水戸）
- 埼玉県（さいたま）
- 千葉県（千葉）
- 東京都（東京）
- 神奈川県（横浜）

九州地方

- 沖縄県（那覇）

立体地図で見る 日本の国土とくらし ①

あたたかい土地のくらしと島

監修
早川明夫（文教大学）

国土社

もくじ

- 日本列島とまわりの国々 …… 3
- 世界のなかの日本 …… 4
- 地球儀と地図を比べる …… 6
- 日本のまわりの海 …… 10
- 日本の端と排他的経済水域 …… 12
- 雨温図と日本の気候区分 …… 14
- さまざまな降水量 …… 16
- さまざまな気温 …… 18
  - 日本に吹きつける風 …… 20
- さまざまな開花日や初見日 …… 22
  - 日本の島々 …… 24

あたたかい土地のくらし ―沖縄島― 25
- 沖縄島 …… 30
- 屋久島 …… 32
- 種子島 …… 34
- 対馬 …… 36
- 淡路島 …… 38
- 佐渡島 …… 40
- 北方領土の島々 …… 42
- 小笠原諸島 …… 44

詳しくて、わかりやすい各地のホームページ …… 46

さくいん …… 47

この本で使われている記号

方位記号	世界遺産	政令指定都市	おもな市町村	都道府県庁所在地	活火山	活火山以外

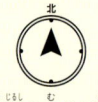

矢印の向きが北

工業がさかんな工業都市

自動車工業	石油化学工業	鉄鋼業	よう業	造船業

この本で使われている立体地図（鳥瞰図）について

- この本に掲載されている立体地図（鳥瞰図）の作成にあたっては、国土地理院発行の数値地図10mメッシュ（標高）及びDAN杉本氏作成の「カシミール3D」を使用しています。
- 立体地図の縮尺・角度・範囲・標高の倍率は、日本の国土とくらしの学習にとって大切な地域の地形が見えやすいように選んでいます。
- すべての川が掲載されているわけではありません。
- この本で使われている地図や情報・データは、2016年8月時点のものです。

日本列島とまわりの国々

中華人民共和国（中国）

ロシア連邦（ロシア）

北海道

朝鮮民主主義人民共和国（北朝鮮）

大韓民国（韓国）

本州

九州

四国

沖縄

　この写真は、宇宙から日本とその周辺をうつした衛星画像です。日本は本州・北海道・九州・四国の4つの大きな島と、約6,850の小さな島々からなります。これらの島々をまとめて日本列島といいます。日本列島は3,000km以上にわたって、南北に弓なりに連なっています。
　日本は、まわりをすべて海にかこまれている島国で、海をへだてて外国と接しています。日本のまわりには中国・ロシア・韓国・北朝鮮といった国や地域があります。

世界のなかの日本

イギリス
ドイツ
フランス
イタリア
エジプト
ガーナ

トルコ
ロシア連邦
中華人民共和国
大韓民国

ユーラシア大陸
（アジア大陸＋ヨーロッパ大陸）

アフリカ大陸

インド洋

オーストラリア大陸

インド
ベトナム

南アフリカ共和国
サウジアラビア
タイ
フィリピン

◯ 六大陸

ユーラシア大陸・アフリカ大陸・北アメリカ大陸・南アメリカ大陸・オーストラリア大陸・南極大陸の6つの大陸のことです。地球の陸地の9割以上を六大陸が占めています。

◯ 三大洋

太平洋・大西洋・インド洋の3つの大きな海のことです。地球の海の9割近くを三大洋が占めています。

◯ 海と陸の面積比

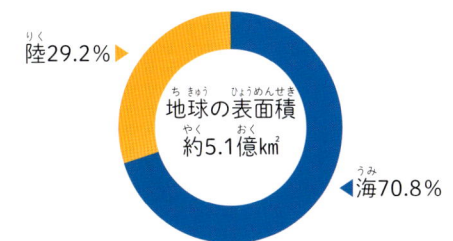

陸29.2%
地球の表面積 約5.1億km²
海70.8%

アメリカ合衆国

カナダ

メキシコ

北アメリカ大陸

日本

大西洋

太平洋

ブラジル

オーストラリア

南アメリカ大陸

アルゼンチン

地球の反対側に置いた場合の日本

チリ

ニュージーランド

南極大陸

180°　160°　140°　120°　100°　80°　60°　40°　20°

5

地球儀と地図を比べる

🟠 地球儀と地図のちがい

　地球儀は、地球の形をそのまま小さく縮めた模型です。そのため、方位・角度・距離・面積にゆがみがでないようにあらわすことができます。

　地図は、まるい地球をむりやり平面の紙であらわしています。そのため、方位・角度・距離・面積を同時に正しくあらわすことができず、どこかにくるいが生じてしまいます。

🟠 経線と緯線

　地球儀や地図には、タテの線とヨコの線が引かれています。タテの線を経線、ヨコの線を緯線といいます。これらの線を使って、地球上のすべての位置をあらわすことができるのです。

▶ 経線（子午線）

同じ経度を結んでいるタテの線。北極点と南極点を結びます。イギリスの旧グリニッジ天文台を通る線（本初子午線）を0度として、東西それぞれを180度に分け、その東側を「東経」、西側を「西経」といいます。

▶ 緯線

同じ緯度を結んでいるヨコの線。0度の緯線を赤道と呼びます。その南北それぞれを90度に分け、赤道の北側を「北緯」、南側を「南緯」といいます。

🟠 地球儀からわかること

▶ 方位の調べ方

写真のように、2本の紙テープを直角にはりあわせ、1本は経線にあわせます。方位を調べたい地点を紙テープが交わるところに置けば、紙テープが東西南北をあらわします。

▶ 距離のはかり方

写真のように、北極と南極の間を経線に沿って紙テープで結びます。その長さを等しく20に分ければ、1つの目盛りが約1,000kmをあらわすものさしになります。

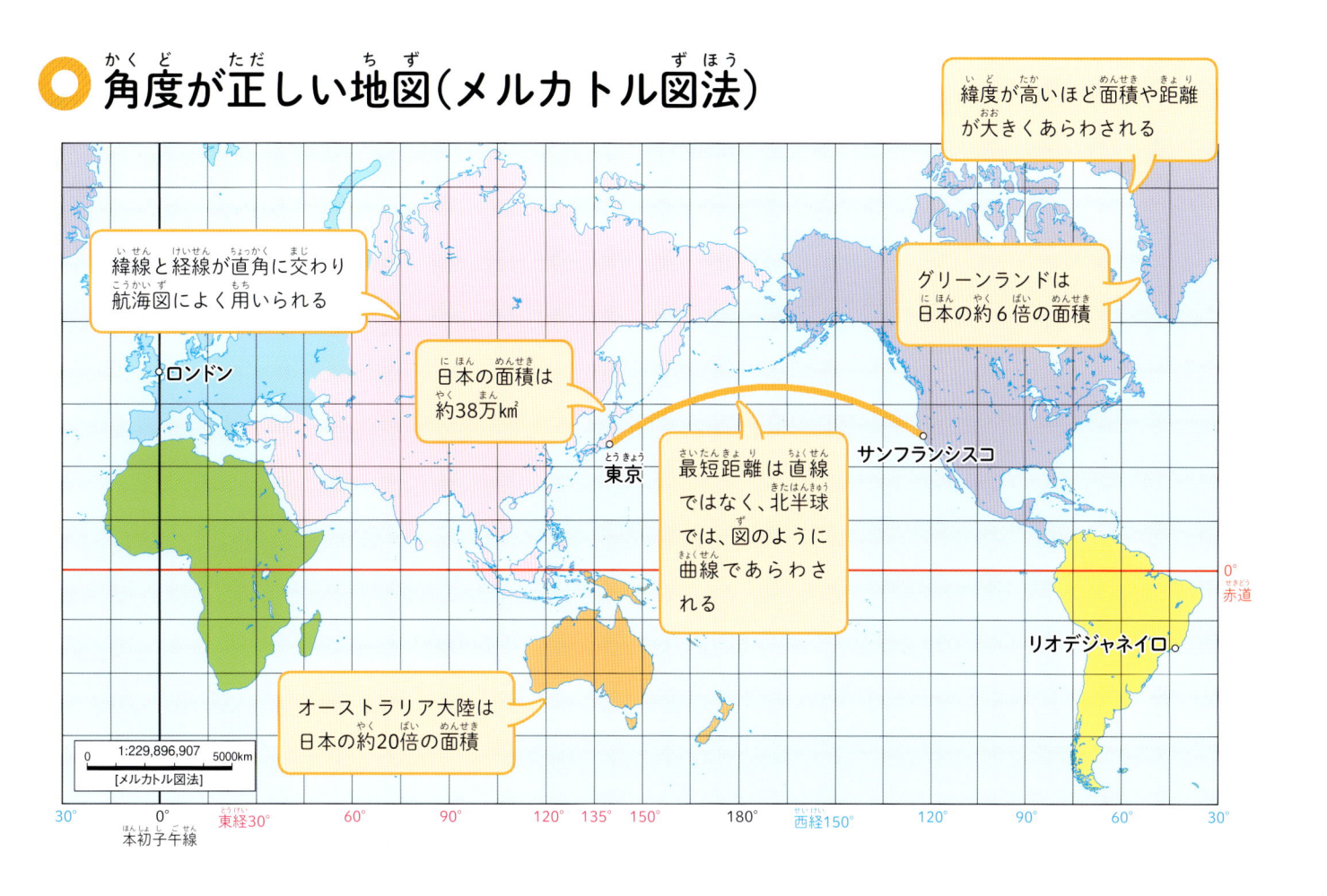

角度が正しい地図（メルカトル図法）

- 緯線と経線が直角に交わり航海図によく用いられる
- 緯度が高いほど面積や距離が大きくあらわされる
- グリーンランドは日本の約6倍の面積
- 日本の面積は約38万km²
- 最短距離は直線ではなく、北半球では、図のように曲線であらわされる
- オーストラリア大陸は日本の約20倍の面積

1:229,896,907　5000km
[メルカトル図法]

30°　0°本初子午線　東経30°　60°　90°　120°　135°　150°　180°　西経150°　120°　90°　60°　30°

距離と方位が正しい地図（正距方位図法）

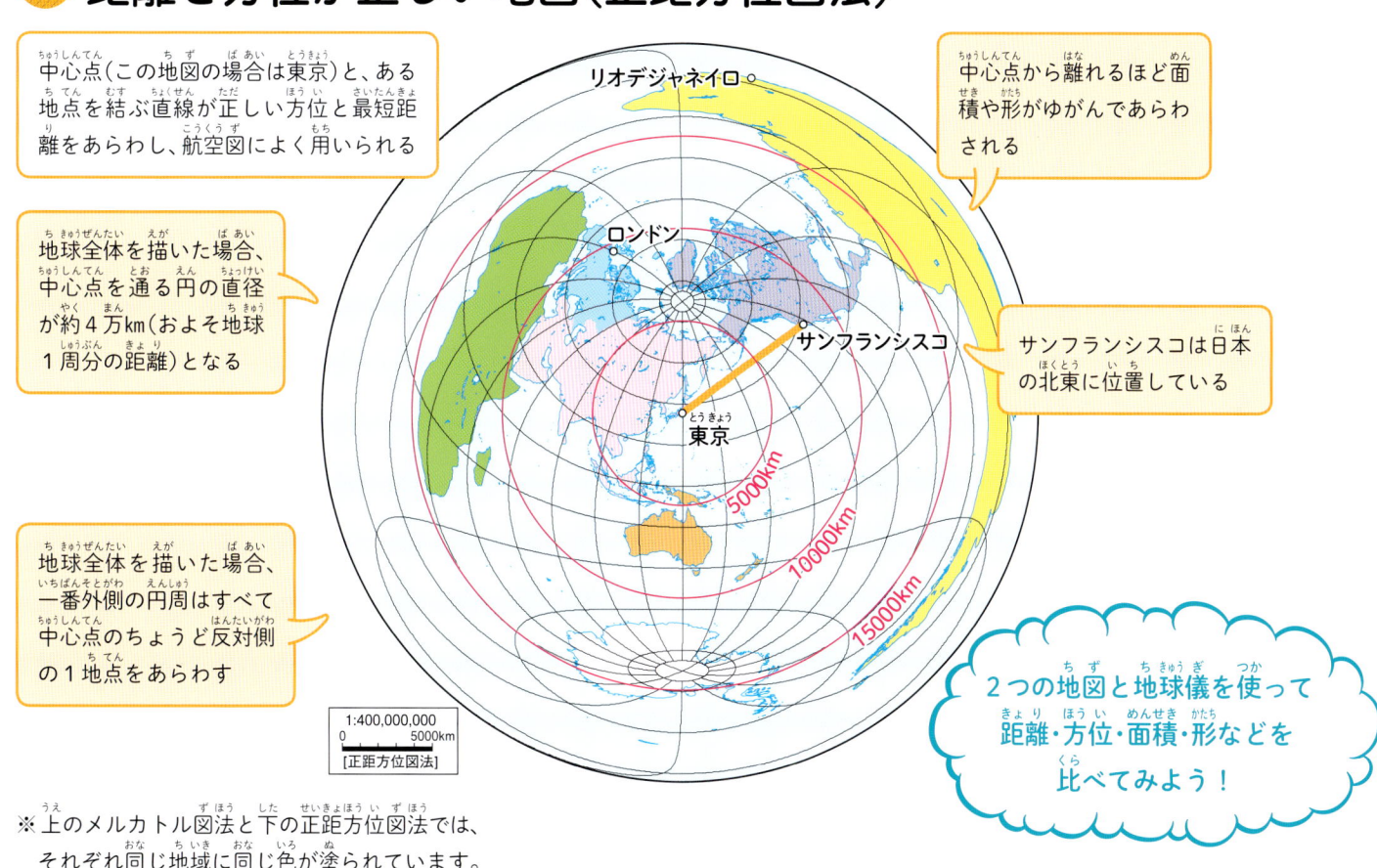

- 中心点（この地図の場合は東京）と、ある地点を結ぶ直線が正しい方位と最短距離をあらわし、航空図によく用いられる
- 地球全体を描いた場合、中心点を通る円の直径が約4万km（およそ地球1周分の距離）となる
- 地球全体を描いた場合、一番外側の円周はすべて中心点のちょうど反対側の1地点をあらわす
- 中心点から離れるほど面積や形がゆがんであらわされる
- サンフランシスコは日本の北東に位置している

1:400,000,000　5000km
[正距方位図法]

※上のメルカトル図法と下の正距方位図法では、それぞれ同じ地域に同じ色が塗られています。

2つの地図と地球儀を使って距離・方位・面積・形などを比べてみよう！

なぜ地球儀はかたむいている？

　地球儀は、北極点と南極点を結ぶ地軸のまわりを自由に回転します。しかし、実際の地球は西から東に向かって、ほぼ1日24時間かけて1周しています。このことを地球の自転といいます。地球が自転することにより、1日で太陽の光があたっている場所が昼、あたっていない場所が夜となるのです。

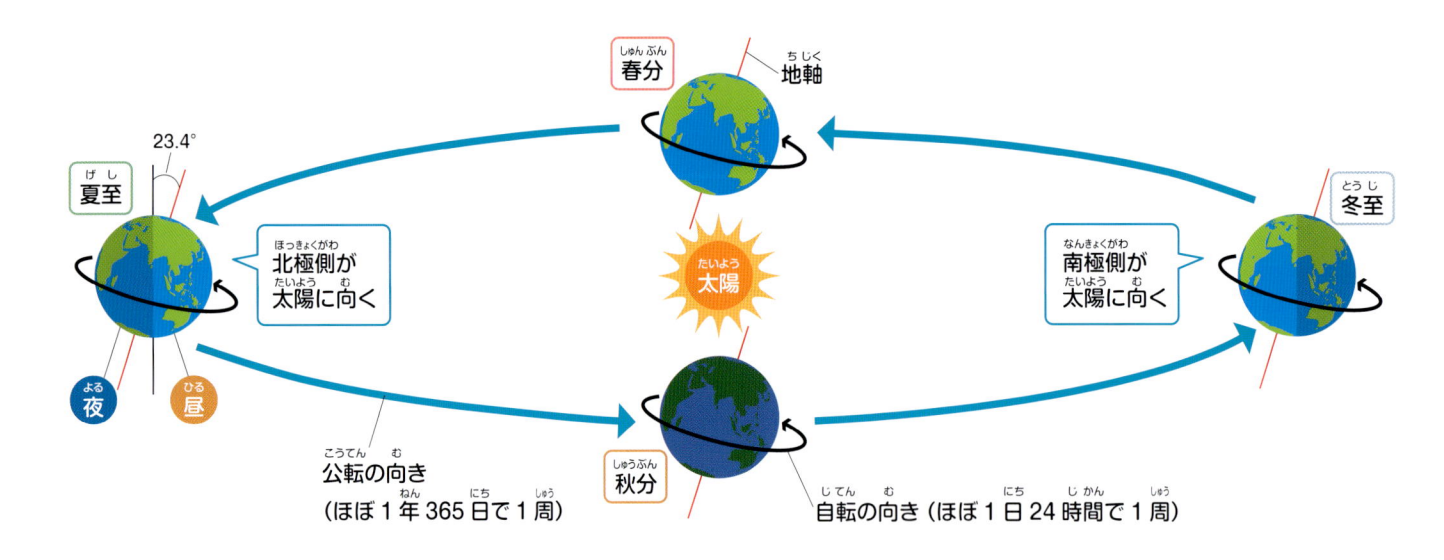

　また、地球は自転をしながら、太陽のまわりをほぼ1年365日かけて1周しています。このことを地球の公転といいます。このとき、地軸が約23.4度かたむいたまま太陽のまわりをまわっているので、太陽の光がよくあたる地域と、よくあたらない地域が生じるのです。そのため、時期によって昼夜の長さや季節が変化することになります。このかたむきにあわせて、地球儀の地軸も約23.4度かたむいているのです。

地球のプロフィール

太陽からの距離：約1億4,960万km
自転の周期：23時間56分4秒に1回
公転の周期：365.257日に1回
形：球体に近いだ円形
赤道の半径：約6,378km
北極点や南極点までの半径：約6,357km
地球の円周：約40,000km
年齢：約46億年
重さ：約5,974,000,000兆トン
表面積：約5.1億km²
まわりをまわる衛星：月
特徴：生物の生存が唯一確認されている星

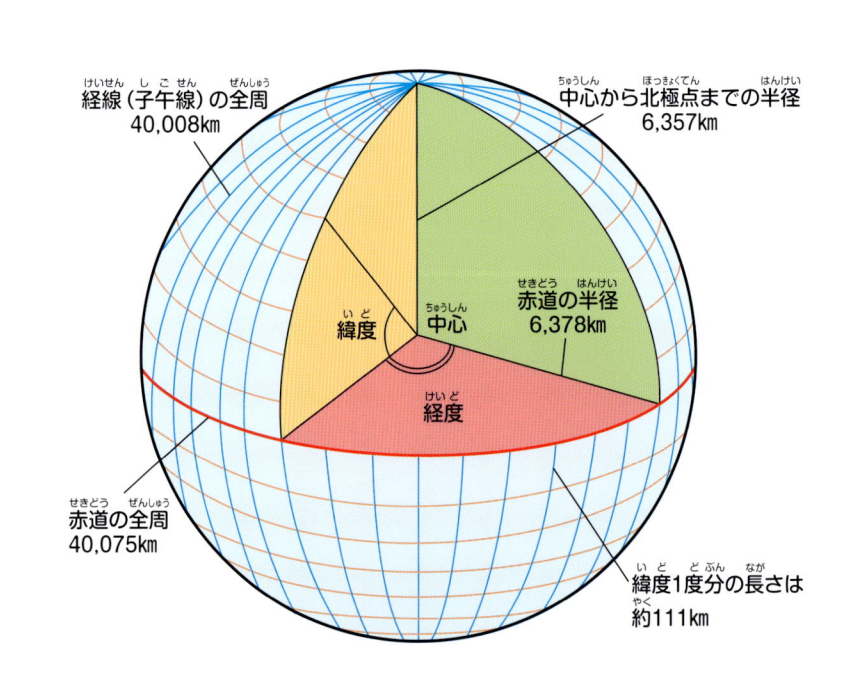

宇宙から見た夜の地球から何がわかる？

　この写真は、人工衛星から夜の地球を何枚も撮影して、つなぎあわせたものです。実際は地球には時差があるため、世界中が同時に夜になることはありません。
　この写真は、弱い光を強くするといった加工がほどこされていますが、明るく見えるところでは暗い夜も灯りがたくさんついていて、人間のさまざまな活動がいとなまれていることがわかります。経済の発展している北半球、特にアメリカやヨーロッパ、そして日本が明るく見えます。

ふかめる！ 時差の求め方

　日本は、兵庫県明石市を通っている東経135度の経線をもとに日本の時刻（日本標準時、日本時間ともいう）を決めています。世界の国や地域には、それぞれ標準時があり、標準時のちがいである時差が生じます。
　地球は24時間かけて1回転（360度）するので、経度15度で1時間の時差が生じる計算となります（360度÷24時間）。たとえば、0度の経線（本初子午線）を標準時とするイギリスと日本の経度差は135度あるので、時差はふつう9時間（135度÷15度）あることになります。

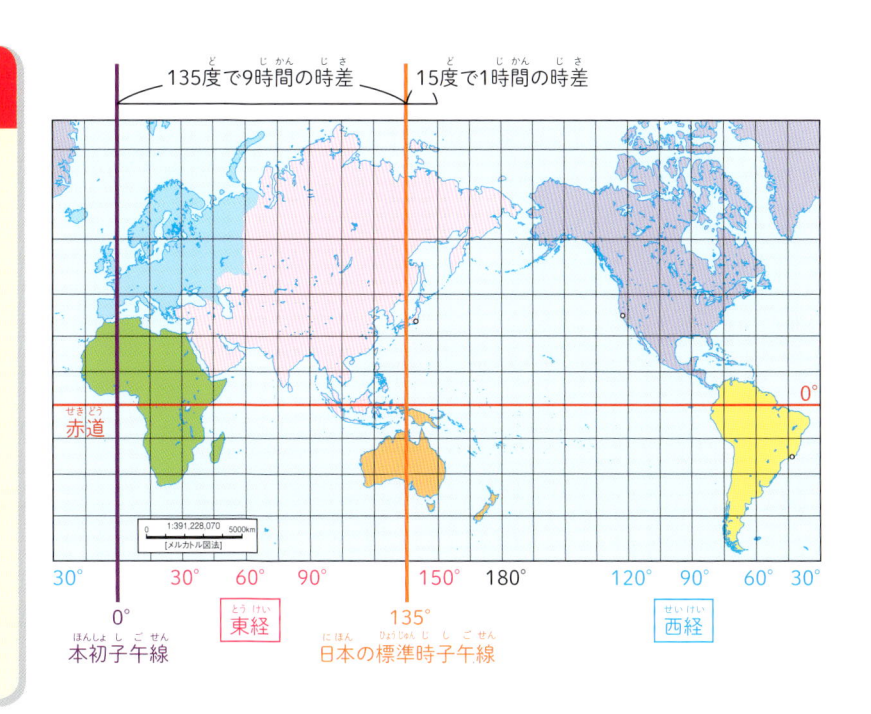

日本のまわりの海

🟠 キーワードは「4」!?

日本には、4つの大きな島があり、日本のまわりには、オホーツク海・太平洋・日本海・東シナ海という4つの海が広がっています。

それらの海を日本海流(黒潮)・千島海流(親潮)・対馬海流・リマン海流という4つの海流が流れています。

▶ 海流

海流とは、ある一定の方向に向かう海水の流れのことで、潮と呼ばれることもあります。海流は、海水の温度によって、あたたかい暖流と冷たい寒流に分けられます。

オホーツク海
リマン海流
親潮(千島海流)
日本海
対馬海流
瀬戸内海
太平洋
東シナ海
黒潮(日本海流)

→ 寒流
→ 暖流

▶ 日本の海岸線

日本はまわりを海にかこまれ、島が多い国です。また、半島などがあり、海岸の地形は入り組んでいます。そのため、日本の海岸線は世界で6番目に長く、35,671kmもあります。国土面積の大きいアメリカやオーストラリアよりも海岸線が長いのです。

▶ 都道府県別 海岸線の長さベスト5

順位	都道府県	長さ
1位	北海道	4,456km
2位	長崎県	4,189km
3位	鹿児島県	2,664km
4位	沖縄県	2,035km
5位	愛媛県	1,712km

(平成25年度 海岸統計)

日本のまわりの海底地形

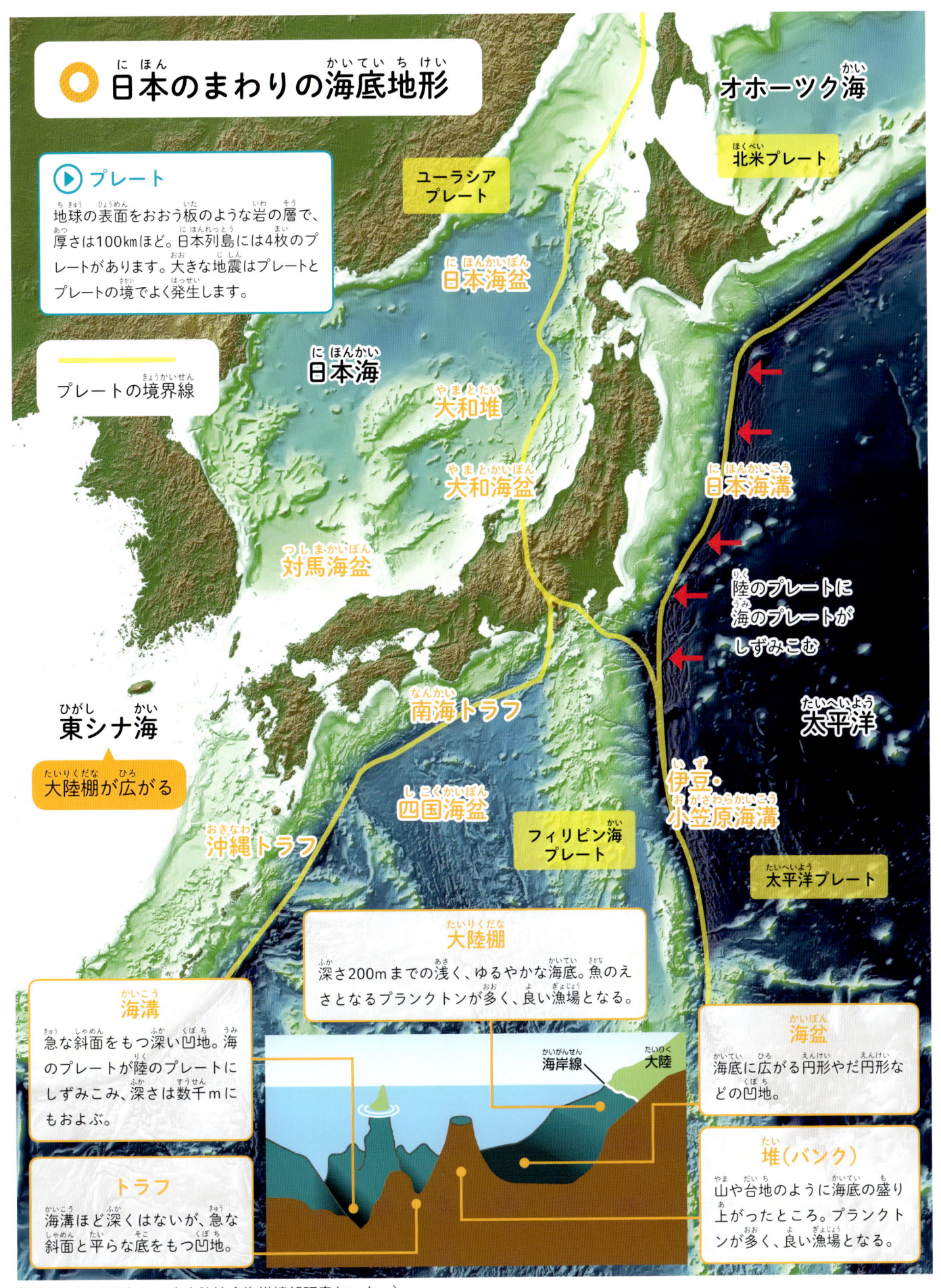

▶ プレート
地球の表面をおおう板のような岩の層で、厚さは100kmほど。日本列島には4枚のプレートがあります。大きな地震はプレートとプレートの境でよく発生します。

― プレートの境界線

オホーツク海
北米プレート
ユーラシアプレート
日本海盆
日本海
大和堆
大和海盆
対馬海盆
日本海溝
陸のプレートに海のプレートがしずみこむ
東シナ海
大陸棚が広がる
南海トラフ
太平洋
四国海盆
沖縄トラフ
フィリピン海プレート
伊豆・小笠原海溝
太平洋プレート

大陸棚
深さ200mまでの浅く、ゆるやかな海底。魚のえさとなるプランクトンが多く、良い漁場となる。

海溝
急な斜面をもつ深い凹地。海のプレートが陸のプレートにしずみこみ、深さは数千mにもおよぶ。

トラフ
海溝ほど深くはないが、急な斜面と平らな底をもつ凹地。

海盆
海底に広がる円形やだ円形などの凹地。

堆（バンク）
山や台地のように海底の盛り上がったところ。プランクトンが多く、良い漁場となる。

海岸線　大陸

（提供：一般財団法人 日本水路協会海洋情報研究センター）

11

日本の端と排他的経済水域

日本の領土・領海・領空

その国のもつ陸地と、陸地にかこまれた湖や川などをあわせて領土といいます。日本の国土面積は約38万km²で、世界で61番目に大きい国です。

領海は、領土の海岸線から12カイリ（約22km）までの海です。日本の領海の広さは約43万km²です。さらに領土と領海をあわせた上空のことを領空といいます。

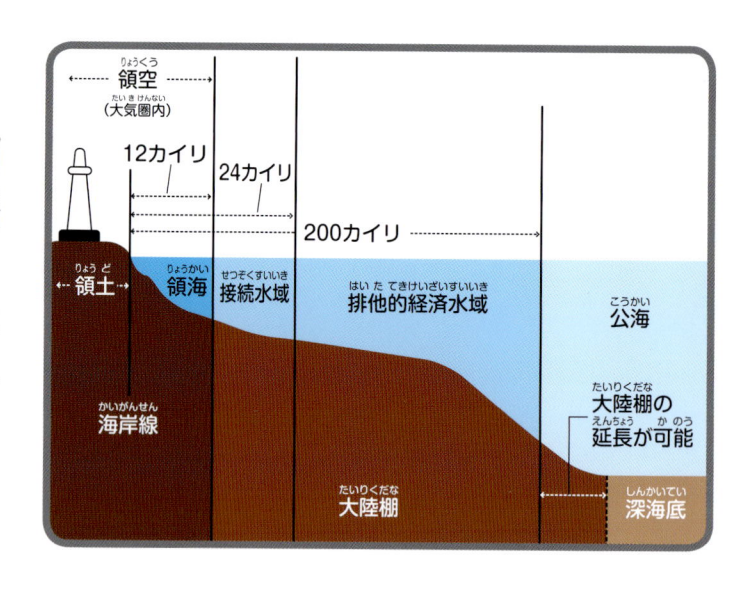

日本の排他的経済水域

排他的経済水域（EEZ）は、海岸線から200カイリ（約370km）までの海です。そのさらに外側の海は、どの国にも属していない公海です。

排他的経済水域では、漁業資源や地下資源を沿岸国が自由に利用できます。日本の領海と排他的経済水域をあわせると約447万km²となり、国土面積のおよそ12倍もあり、世界で6番目の広さといわれています。

	領海	排他的経済水域	公海
外国船の航海	平和や安全をおびやかさなければ自由	自由	自由
外国の飛行機による上空の通過	沿岸国の許可が必要	自由	自由
漁業資源	沿岸国が管理	沿岸国が管理	自由
地下資源	沿岸国が管理	沿岸国が管理	自由

日本の島をめぐる対立

北方領土・竹島・尖閣諸島は、それぞれ日本の領土です。しかし、これらの島々は、まわりの国々によって、不法に占領されたり、領有を主張されたりしています。

日本は、地域の平和と安定の確立へ向けて、ねばり強く努力を続けていく必要があります。

尖閣諸島（沖縄県）
尖閣諸島の島はいずれも無人島ですが、中国が自国の領土であると主張しています。
魚釣島

竹島（島根県）
竹島は、韓国が不法に占領しており、韓国の警察官などが住み続けています。
男島　女島

12

西の端 与那国島（沖縄県）

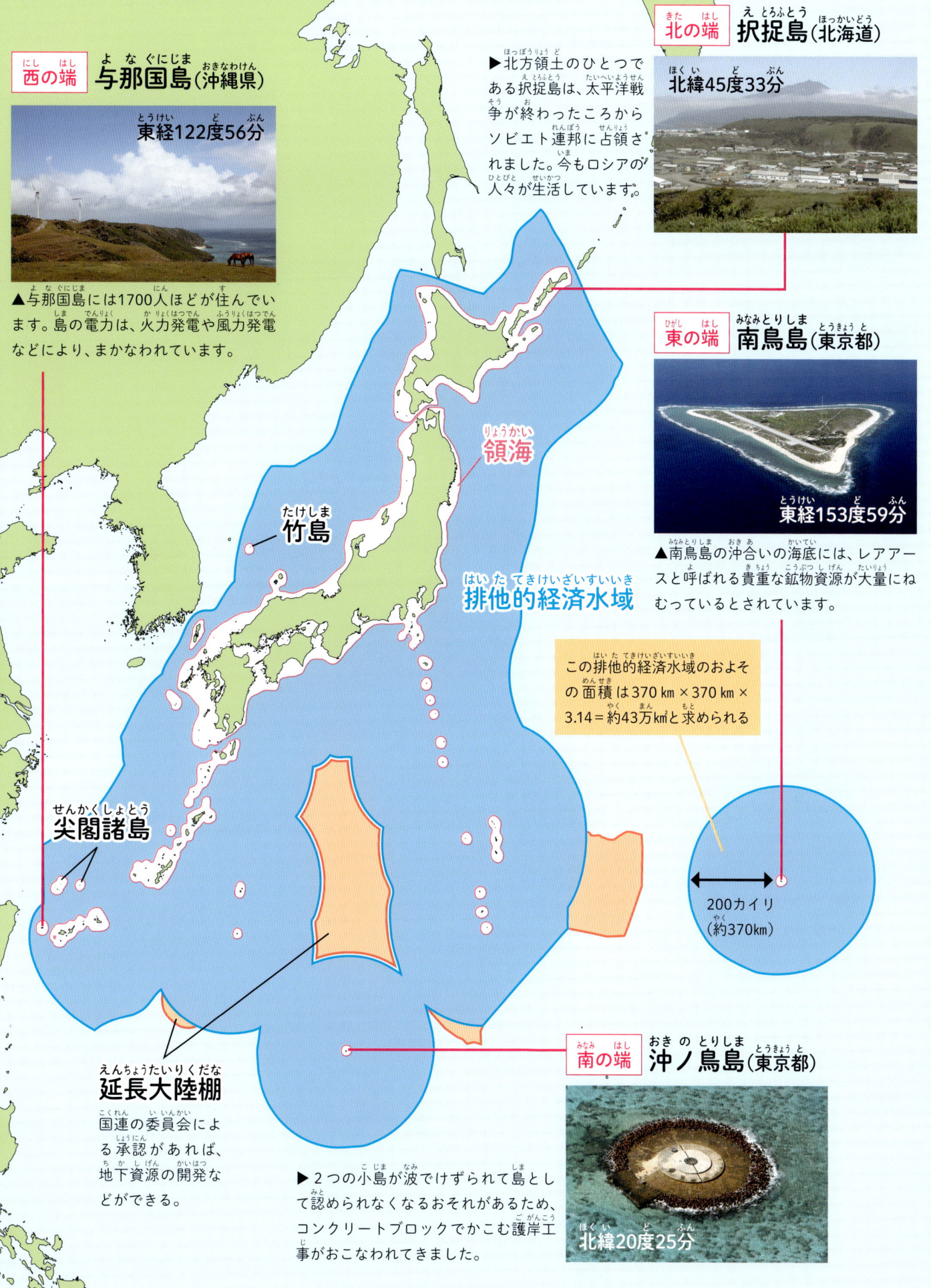

東経122度56分

▲与那国島には1700人ほどが住んでいます。島の電力は、火力発電や風力発電などにより、まかなわれています。

北の端 択捉島（北海道）

北緯45度33分

▶北方領土のひとつである択捉島は、太平洋戦争が終わったころからソビエト連邦に占領されました。今もロシアの人々が生活しています。

東の端 南鳥島（東京都）

東経153度59分

▲南鳥島の沖合いの海底には、レアアースと呼ばれる貴重な鉱物資源が大量にねむっているとされています。

領海

竹島

排他的経済水域

この排他的経済水域のおよその面積は 370 km × 370 km × 3.14 ＝ 約43万km²と求められる

200カイリ
（約370km）

尖閣諸島

延長大陸棚
国連の委員会による承認があれば、地下資源の開発などができる。

南の端 沖ノ鳥島（東京都）

▶2つの小島が波でけずられて島として認められなくなるおそれがあるため、コンクリートブロックでかこむ護岸工事がおこなわれてきました。

北緯20度25分

13

雨温図と日本の気候区分

🔸 雨温図の読み方

雨温図は、気候グラフとも呼ばれ、ある地域の気温と降水量の平年値（過去30年間の平均）をあらわすグラフです。

ふつう棒グラフは月ごとの降水量を、折れ線グラフは月ごとの平均気温をあらわしています。

🔸 日本の気候

日本のほとんどの地域は、あたたかく、わりあいに雨や雪などが多い温帯の気候で、春夏秋冬の四季の移り変わりがはっきりしています。

ただし、日本の国土は南北に細長いため、北の北海道は冷帯、南の沖縄は亜熱帯の気候と、地域ごとの変化に富んでいます。

右の図のように、日本各地の気候は、その特色から北海道・日本海側・太平洋側・中央高地・瀬戸内・南西諸島の6つの気候区分に大きく分けることができます。

東京の雨温図

> 折れ線グラフは月の平均気温をあらわす。平均気温がもっとも高い月は8月で、約26℃。もっとも低い月は1月で、約5℃。

> 棒グラフは月の降水量をあらわす。降水量がもっとも多い月は9月で、約210mm。もっとも少ない月は12月で、約51mm。

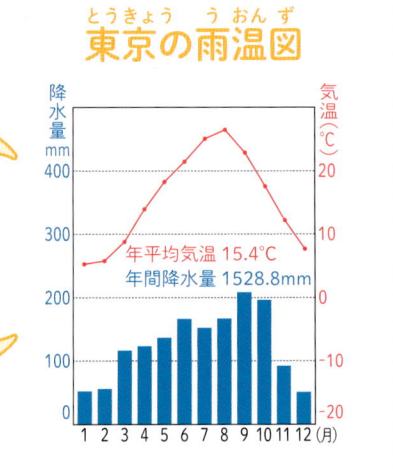

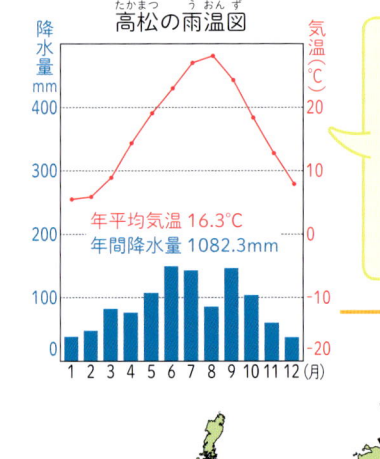

年平均気温 15.4℃
年間降水量 1528.8mm

瀬戸内の気候
高松の雨温図

年平均気温 16.3℃
年間降水量 1082.3mm

> 瀬戸内海に面している地域は、四国山地と中国山地にはさまれています。このため、1年を通して雨が少なく、あたたかいおだやかな気候です。

太平洋側の気候
高知の雨温図

年平均気温 17.0℃
年間降水量 2547.5mm

> 夏は降水量が多く、蒸し暑くなります。いっぽう、冬は乾燥して、晴天の日が続きます。梅雨や台風の影響を受けやすい気候です。

1:6,713,781
0　　　200km

14

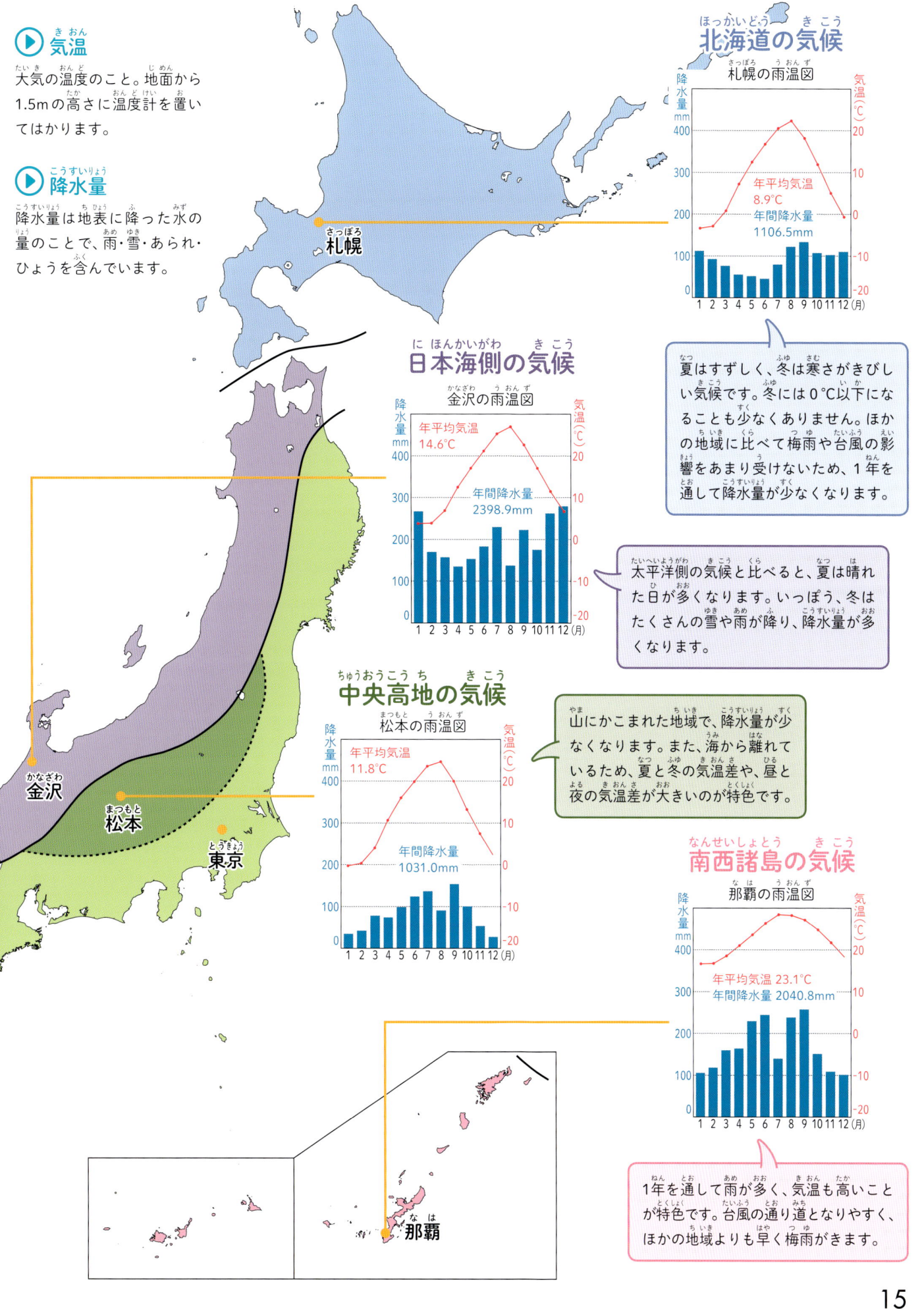

気温
大気の温度のこと。地面から1.5mの高さに温度計を置いてはかります。

降水量
降水量は地表に降った水の量のことで、雨・雪・あられ・ひょうを含んでいます。

北海道の気候
札幌の雨温図
年平均気温 8.9℃
年間降水量 1106.5mm

夏はすずしく、冬は寒さがきびしい気候です。冬には0℃以下になることも少なくありません。ほかの地域に比べて梅雨や台風の影響をあまり受けないため、1年を通して降水量が少なくなります。

日本海側の気候
金沢の雨温図
年平均気温 14.6℃
年間降水量 2398.9mm

太平洋側の気候と比べると、夏は晴れた日が多くなります。いっぽう、冬はたくさんの雪や雨が降り、降水量が多くなります。

中央高地の気候
松本の雨温図
年平均気温 11.8℃
年間降水量 1031.0mm

山にかこまれた地域で、降水量が少なくなります。また、海から離れているため、夏と冬の気温差や、昼と夜の気温差が大きいのが特色です。

南西諸島の気候
那覇の雨温図
年平均気温 23.1℃
年間降水量 2040.8mm

1年を通して雨が多く、気温も高いことが特色です。台風の通り道となりやすく、ほかの地域よりも早く梅雨がきます。

さまざまな降水量

🟠 日本の降水量

日本の年間降水量は、約1700mmです。これは世界平均のおよそ2倍にあたり、日本は、降水量がとても多い国です。

日本では梅雨と台風の時期に降水量が集中し、洪水などの水害をもたらすおそれがあります。しかし、この時期に雨が少ないと、水不足になり、日照りの害(干害)が生じるおそれがあります。

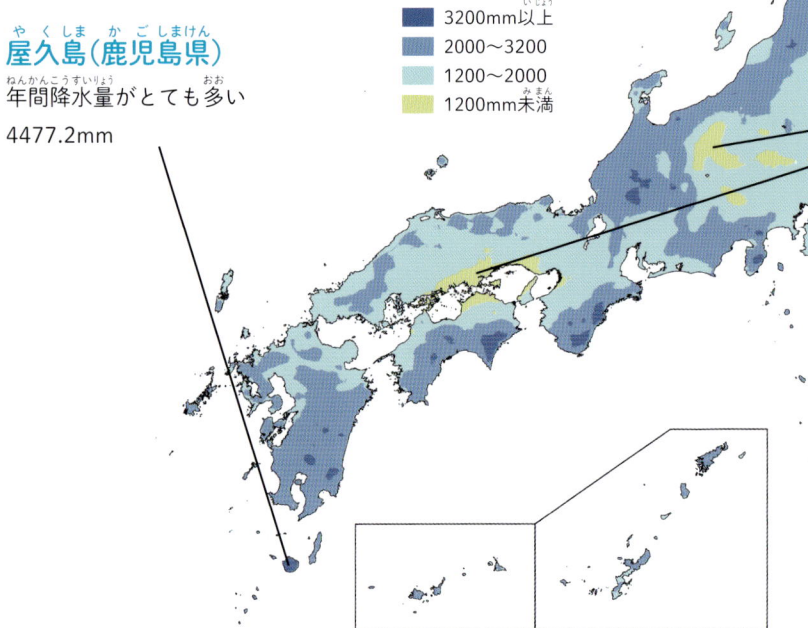

屋久島(鹿児島県)
年間降水量がとても多い
4477.2mm

凡例:
- 3200mm以上
- 2000～3200
- 1200～2000
- 1200mm未満

1年間の降水量

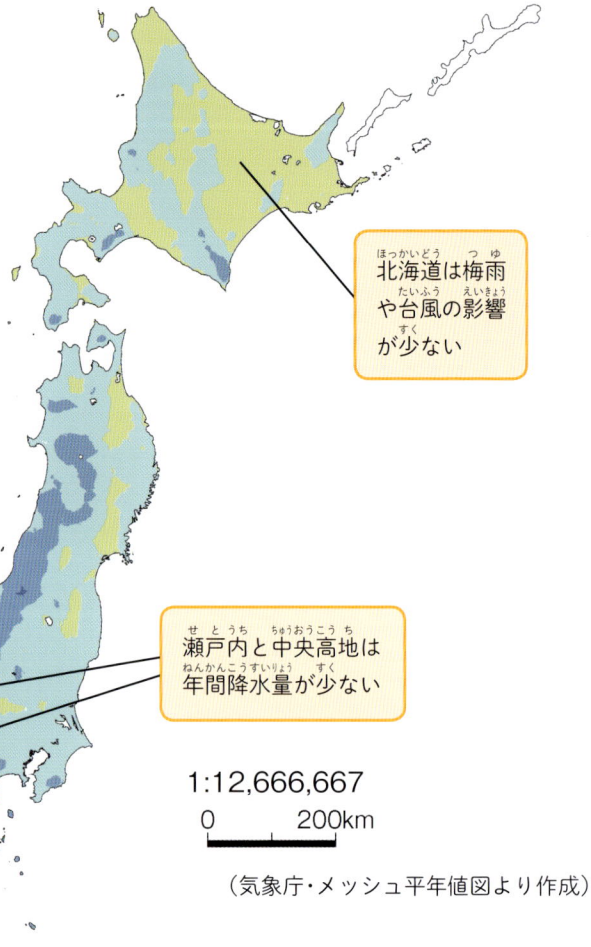

北海道は梅雨や台風の影響が少ない

瀬戸内と中央高地は年間降水量が少ない

1:12,666,667
0   200km

(気象庁・メッシュ平年値図より作成)

月ごとの台風のおもな進路

▶台風は、特に7～9月に日本列島に近づきます。

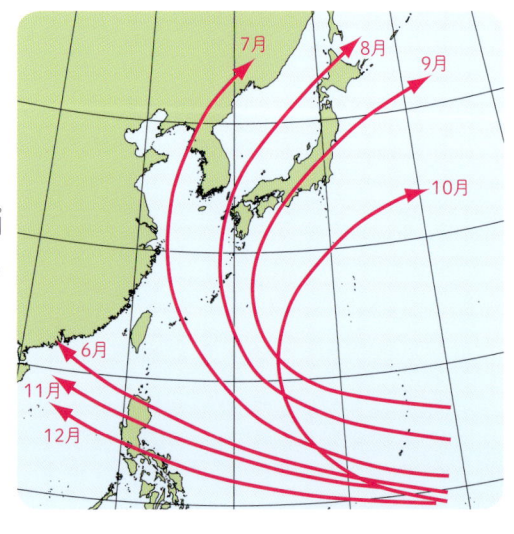

進路: 6月、7月、8月、9月、10月、11月、12月

宇宙から見た台風 ©NASA

▶ 台風

赤道付近の海上で発生した低気圧のうち、最大風速がおよそ毎秒17.2m以上のものを台風といいます。台風は中心付近に強い上昇気流があり、上陸すると大雨や暴風、高潮などの大きな被害(風水害)をもたらします。

16

1月の降水量

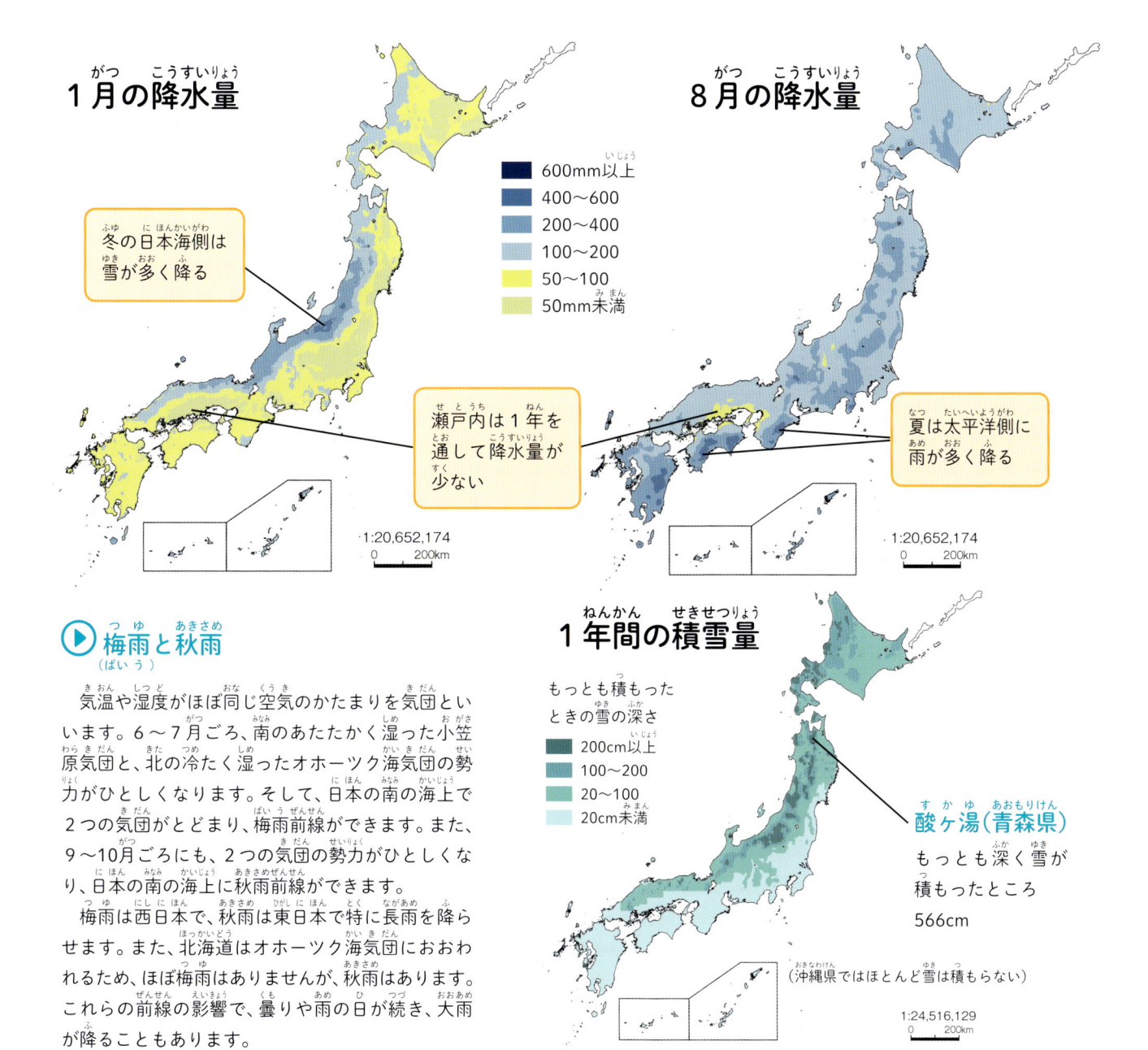

冬の日本海側は雪が多く降る

瀬戸内は1年を通して降水量が少ない

- 600mm以上
- 400〜600
- 200〜400
- 100〜200
- 50〜100
- 50mm未満

1:20,652,174

8月の降水量

夏は太平洋側に雨が多く降る

1:20,652,174

▶ 梅雨と秋雨（ばいう）

　気温や湿度がほぼ同じ空気のかたまりを気団といいます。6〜7月ごろ、南のあたたかく湿った小笠原気団と、北の冷たく湿ったオホーツク海気団の勢力がひとしくなります。そして、日本の南の海上で2つの気団がとどまり、梅雨前線ができます。また、9〜10月ごろにも、2つの気団の勢力がひとしくなり、日本の南の海上に秋雨前線ができます。
　梅雨は西日本で、秋雨は東日本で特に長雨を降らせます。また、北海道はオホーツク海気団におおわれるため、ほぼ梅雨はありませんが、秋雨はあります。これらの前線の影響で、曇りや雨の日が続き、大雨が降ることもあります。

1年間の積雪量

もっとも積もったときの雪の深さ
- 200cm以上
- 100〜200
- 20〜100
- 20cm未満

酸ヶ湯（青森県）
もっとも深く雪が積もったところ
566cm

（沖縄県ではほとんど雪は積もらない）

1:24,516,129

（気象庁・メッシュ平年値図より作成）

深める！ ゲリラ豪雨

　梅雨や台風の時期、とても湿った空気が前線や低気圧に流れこむと、ある場所で集中して次々に積乱雲が発達することがあります。すると、雷をともなう激しい雨が短い時間に降ります。これが集中豪雨です。近年は、予測するのが難しく、都市のごく限られた範囲で降る集中豪雨が増え、これをゲリラ豪雨と呼ぶことがあります。
　アスファルトやコンクリートで舗装された都市の地面は、雨水を吸収できません。そのため、ゲリラ豪雨で短時間に大量の雨が降ると、河川や下水道が急に増水し、水害（都市型水害）がおこるおそれがあります。

▲地下神殿のような「国土交通省 首都圏外郭放水路」の調圧水槽。埼玉県春日部市の地下22mにあります。都市型水害にそなえ、増水した川の水を一時的にたくわえて流す世界最大級の放水路です。

さまざまな気温

各地の平均気温

日本各地の平均気温を見ると、南はあたたかく、北は緯度が高くなるにしたがって、気温の低い地域が増えていきます。
また、海から離れた内陸部、とくに標高の高い地域の平均気温は低くなっています。

1年間の平均気温

旭川(北海道) 最低気温を観測したところ -41.0℃

北海道の内陸部は平均気温が低く、日較差や年較差が大きい

帯広(北海道) 低温記録 -38.2℃

山形(山形県) 高温記録 40.8℃

多治見(岐阜県) 高温記録 40.9℃

山地・山脈のあるところは平均気温が低い

江川崎(高知県) 高温記録 41.0℃

熊谷(埼玉県) 最高気温を観測したところ 41.1℃

1:12,881,356　0　200km

(気象庁・メッシュ平年値図より作成)

▶ 日較差と年較差
（にっこうさ）（ねんこうさ）

日較差とは、1日の最高気温と最低気温の差のことです。また、年較差とは、1年の最高気温と最低気温の差のことです。

ふつう最高気温と最低気温の差は…
◎海の近くで小さく、内陸部で大きくなる傾向があります。
◎緯度の低い地域で小さく、緯度の高い地域で大きくなる傾向があります。
◎日較差は、標高の低い地域よりも高い地域ほど小さくなる傾向があります。

深める！ 真夏日と真冬日

猛暑日：最高気温が35℃以上の日 ※
真夏日：最高気温が30℃以上の日
夏日：最高気温が25℃以上の日
冬日：最低気温が0℃に満たない日
真冬日：最高気温が0℃に満たない日
熱帯夜：最低気温が25℃以上になる夜

※沖縄は猛暑日がほとんどありません。

1月の平均気温

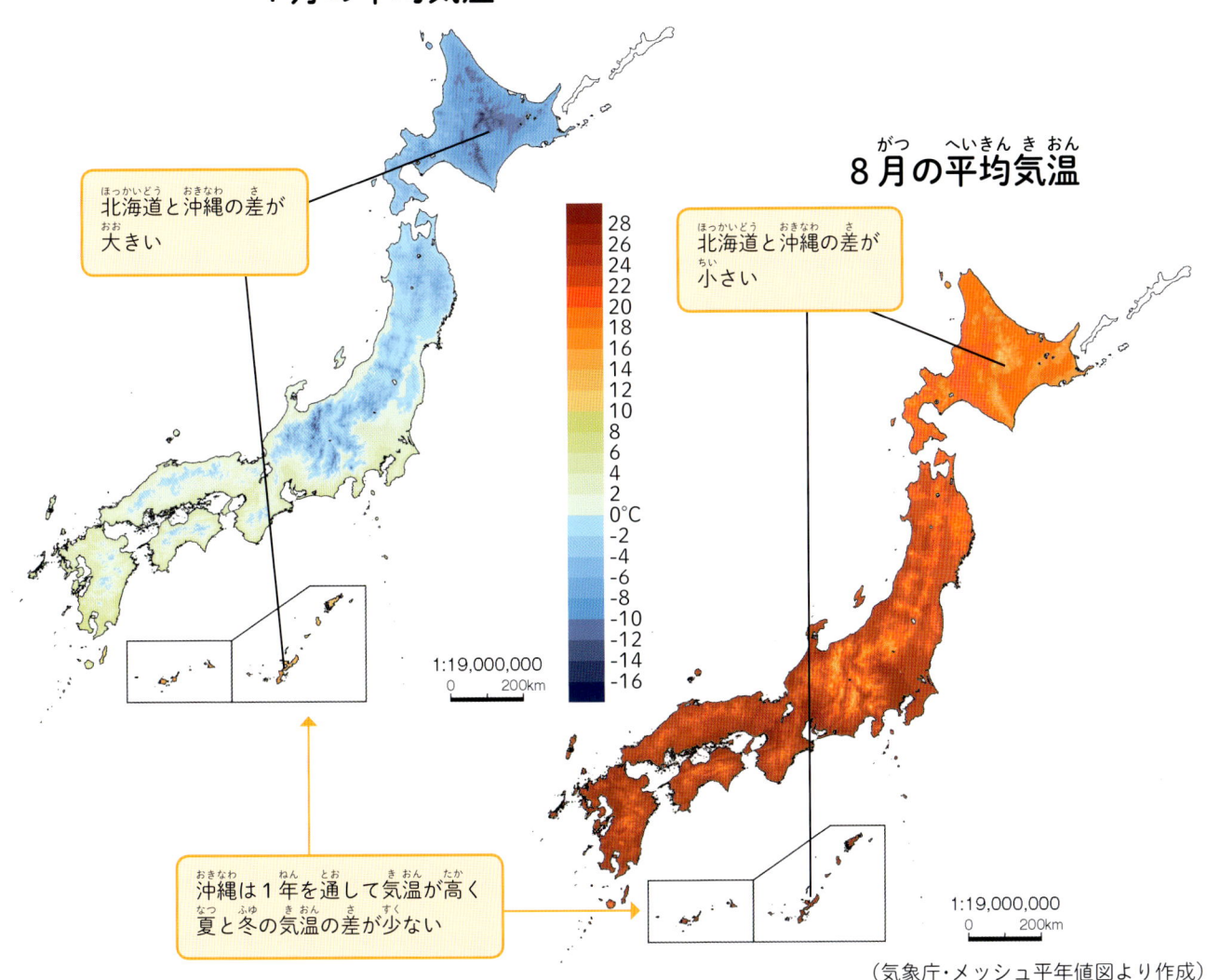

- 北海道と沖縄の差が大きい
- 沖縄は1年を通して気温が高く夏と冬の気温の差が少ない

8月の平均気温

- 北海道と沖縄の差が小さい

1:19,000,000　0　200km

（気象庁・メッシュ平年値図より作成）

深める！ ヒートアイランド現象

　ヒートアイランド現象とは、まわりに比べて都市部ほど気温が高くなることです。英語で「ヒート」は熱、「アイランド」は島のことです。
　東京では、100年ほどでおよそ3℃も平均気温が上がり、熱帯夜も増えています。この現象により、都市部の気温の高いところでは上昇気流が発生しやすくなり、ゲリラ豪雨の原因のひとつになっていると考えられています。

ヒートアイランド現象の原因
◎アスファルトにおおわれた地面やコンクリートの建物が多い
◎緑地や水面が少ない
◎自動車の排気やエアコンの室外機から大量の熱が出される
◎ビルの密集によって風通しが悪い
→都市部に人口が集中していることが大きな原因

▲ゴーヤーやアサガオなどツルが伸びる植物をはわせることにより、窓や壁をおおったものをグリーンカーテン（緑のカーテン）といいます。夏の日差しをさえぎり、室内の温度が上がるのをおさえます。また、葉から蒸発する水分がまわりの熱をうばいます。

19

日本に吹きつける風

◯ 風が吹くしくみ

　ふつう風は、気圧(空気の重さによって地面がおされる力)の高いところから低いところへ向かって吹きこみ、気圧の差が大きいときほど強く吹きます。まわりよりも気圧が高いところを高気圧、低いところを低気圧といいます。

　地上の近くでは、高気圧から低気圧に向かって風が吹き出しています。それをおぎなうために、上空の空気が地上の近くに向かって流れこみ、高気圧では下降気流が生まれます。反対に、低気圧では上昇気流が生まれます。

※北半球の場合

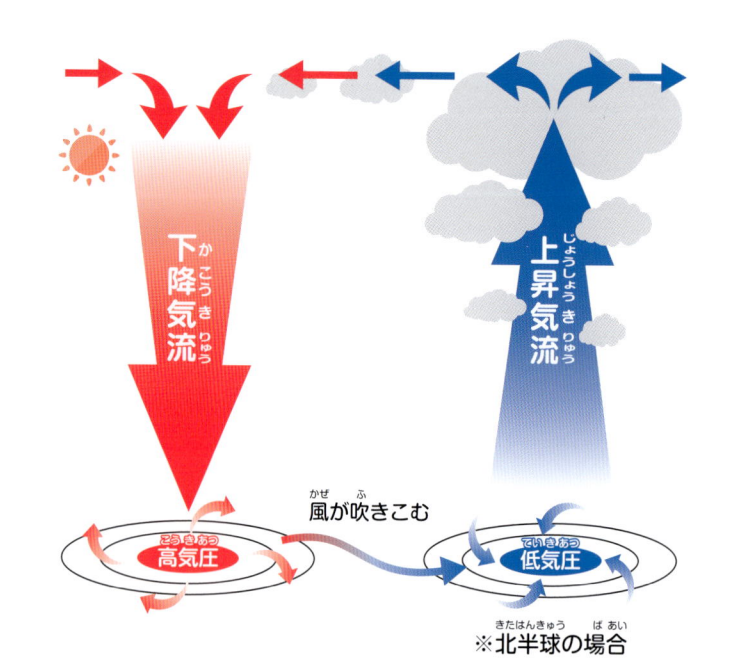

夏は海側から、冬は大陸側から日本に季節風が吹いてくるのも、同じように考えることができます。

◯ 海風と陸風
（かいふう）（りくふう）

　水には、あたたまりにくく、冷めにくいという性質があります。よく晴れた日だと、海水は、昼間は陸地よりもあたたまらず、夜間には陸地よりも冷えずにあたたかくなります。

　そのため、昼間は、陸上の空気が海上よりもあたたまり、軽くなって上昇気流が生まれます。このとき、陸上近くの気圧は低く、海上近くの気圧は高くなっています。したがって、海から陸へ向かって海風が吹くのです。

　反対に夜間は、陸上の空気が海上よりも冷たくなり、下降気流が生まれます。このとき、陸上近くの気圧は高く、海上近くの気圧は低くなり、陸から海へ向かって陸風が吹くのです。

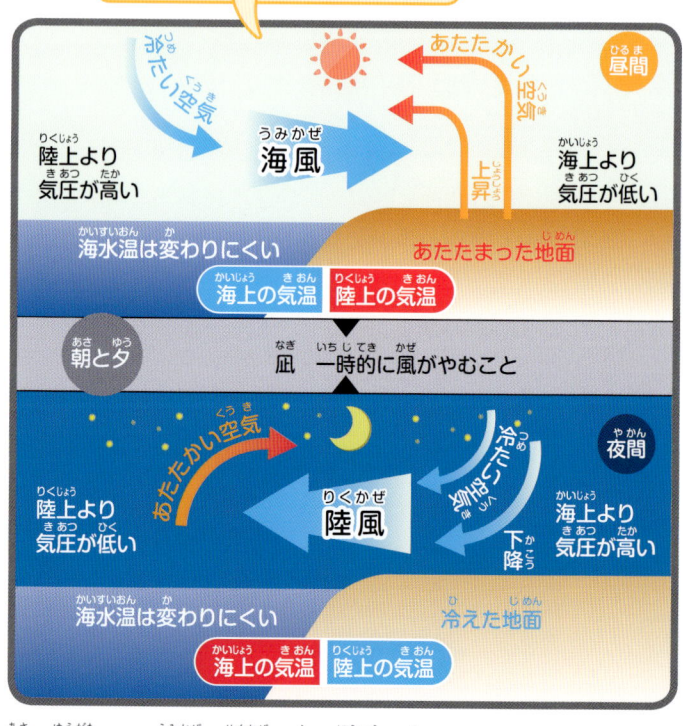

凪　一時的に風がやむこと

朝や夕方には、海風と陸風の吹く方向が入れかわります。このとき、一時的に風がやみ、無風状態になることがあります。このことを「朝凪」や「夕凪」といいます。

日本の気候を左右する季節風

　夏は大陸の方が海よりもあたたまりやすく、冬は冷えやすくなります。そのため、たとえば冬の日本列島の周辺では、大陸側の気圧は高く、海側の気圧は低くなりやすくなります。風は気圧の高い方から低い方へと吹くので、大陸で冷やされた空気が風となって日本列島へ吹きつけます。これが冬の北西の季節風です。反対に夏は、海側の南東から、あたたかい季節風が日本列島に吹きつけます。

　日本は海にかこまれているため、吹きつける風は海上で大量の水蒸気を含みます。湿った風が山地にぶつかると、高度が上がるにつれて水蒸気が冷やされ、雨雲や雪雲ができます。そして、水分を失って乾燥した風が、山地を越えて反対側に吹きおろします。

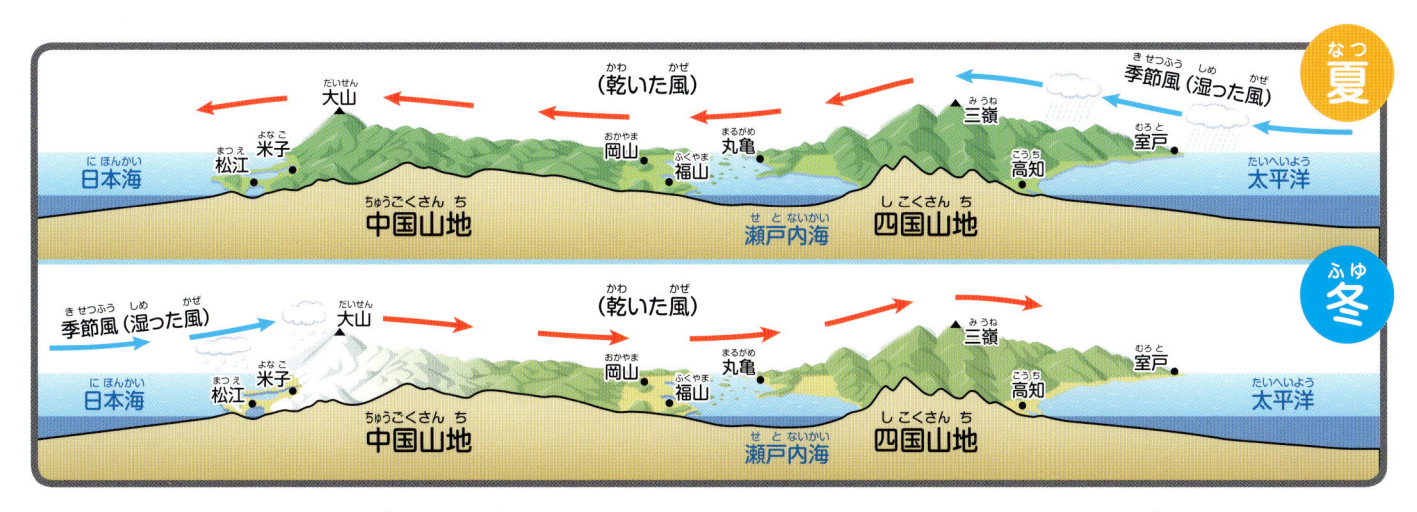

　そのため、日本の太平洋側は夏に雨が多く、冬は乾燥しがちです。いっぽう、日本海側は夏は乾燥しがちで、冬は雪が多く降ります。瀬戸内海は、2つの山地にはさまれているため、1年中乾燥した季節風が吹きつけるのです。

フェーン現象

　風は、高度が100m上がると約1℃ずつ、雲ができる高さでは約0.5℃ずつ温度が下がっていきます。風が山を越えて、高度が100m下がると、温度は約1℃ずつ上がります。

　そのため、風下側の山のふもとでは、異常な高温・乾燥の風が吹きつけることがあります。この現象をフェーン現象といいます。

　日本では、台風などの低気圧が日本海に進んだとき、日本海側の各地で発生しやすい現象です。

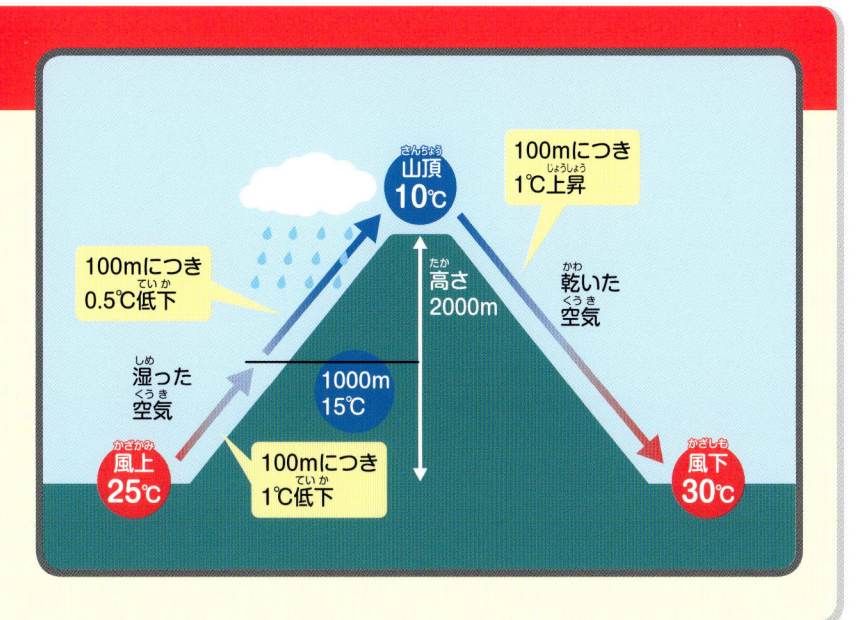

21

さまざまな開花日や初見日

〇 植物や生き物と四季の変化

　日本の気候は、四季の区別がはっきりしているため、季節によって、さまざまな植物や生き物が見られます。日本列島は南北に細長く、各地の気候や地形がさまざまです。そのため、1年のうちで最初に花が開く日（開花日）や生き物を最初に見られる日（初見日）は、地域によって、いろいろです。開花日や初見日が同じ地点を結んだ線を等期日線といいます。

ウメの開花日

- 4.30
- 3.31
- 2.28
- 1.31
- 1.31
- 1.31
- 1.31
- 1.11
- 1.15

1:22,352,941　0　200km

ウグイスが最初に鳴いた日

- 4.30
- 4.20
- 4.10
- 3.31
- 3.20
- 3.10
- 3.20
- 2.28
- 2.20
- 2.28
- 3.7
- 2.22
- 2.28
- 2.22
- 2.22

1:22,352,941　0　200km

ツバメの初見日

- 4.20
- 4.10
- 3.31
- 3.31
- 3.20
- 3.10
- 3.17
- 3.11
- 3.14
- 3.19

1:22,352,941　0　200km

モンシロチョウの初見日

- 5.10
- 4.30
- 4.20
- 4.10
- 3.31
- 3.20
- 3.10
- 3.13

1:22,352,941　0　200km

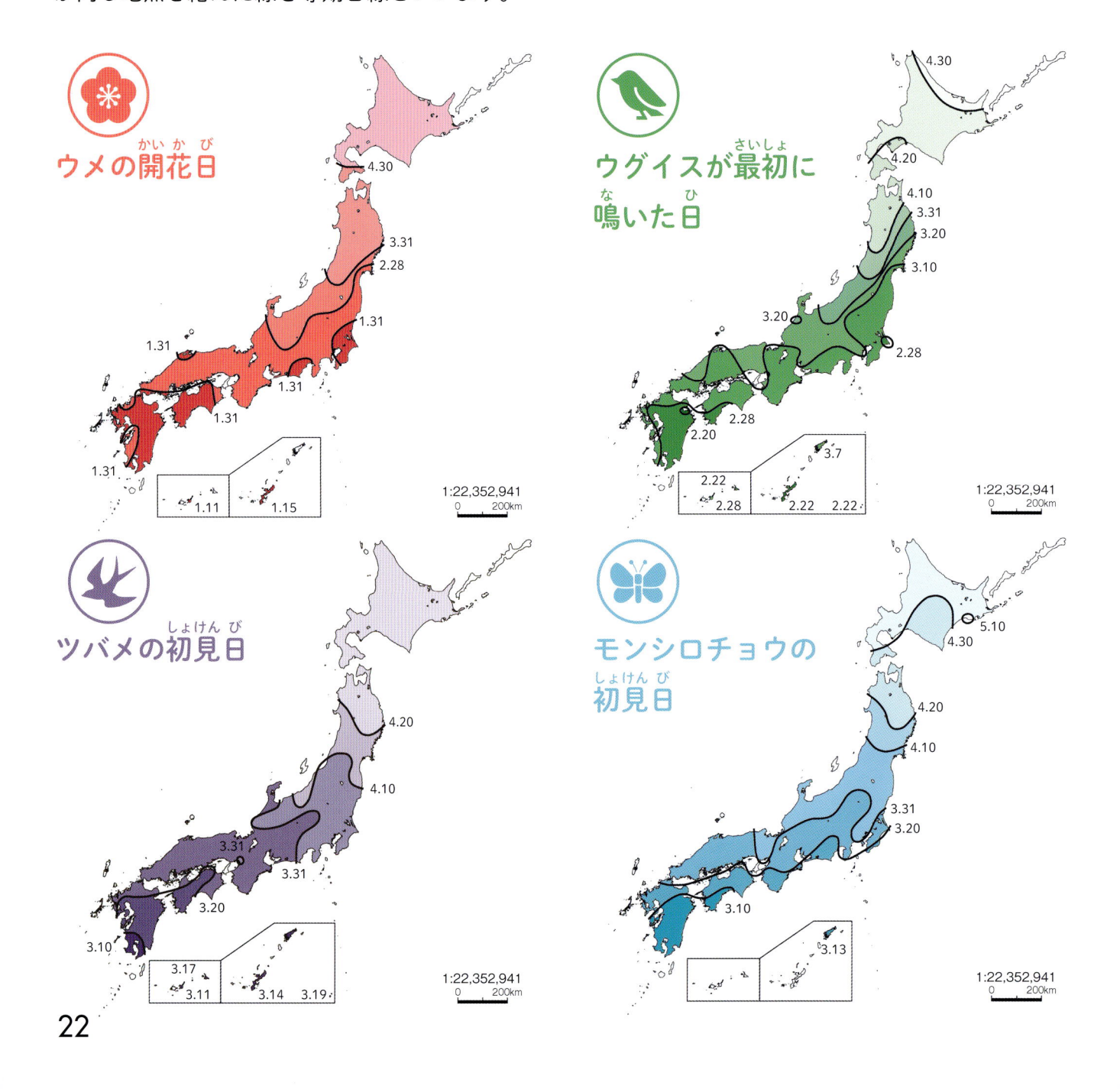

22

サクラの開花日

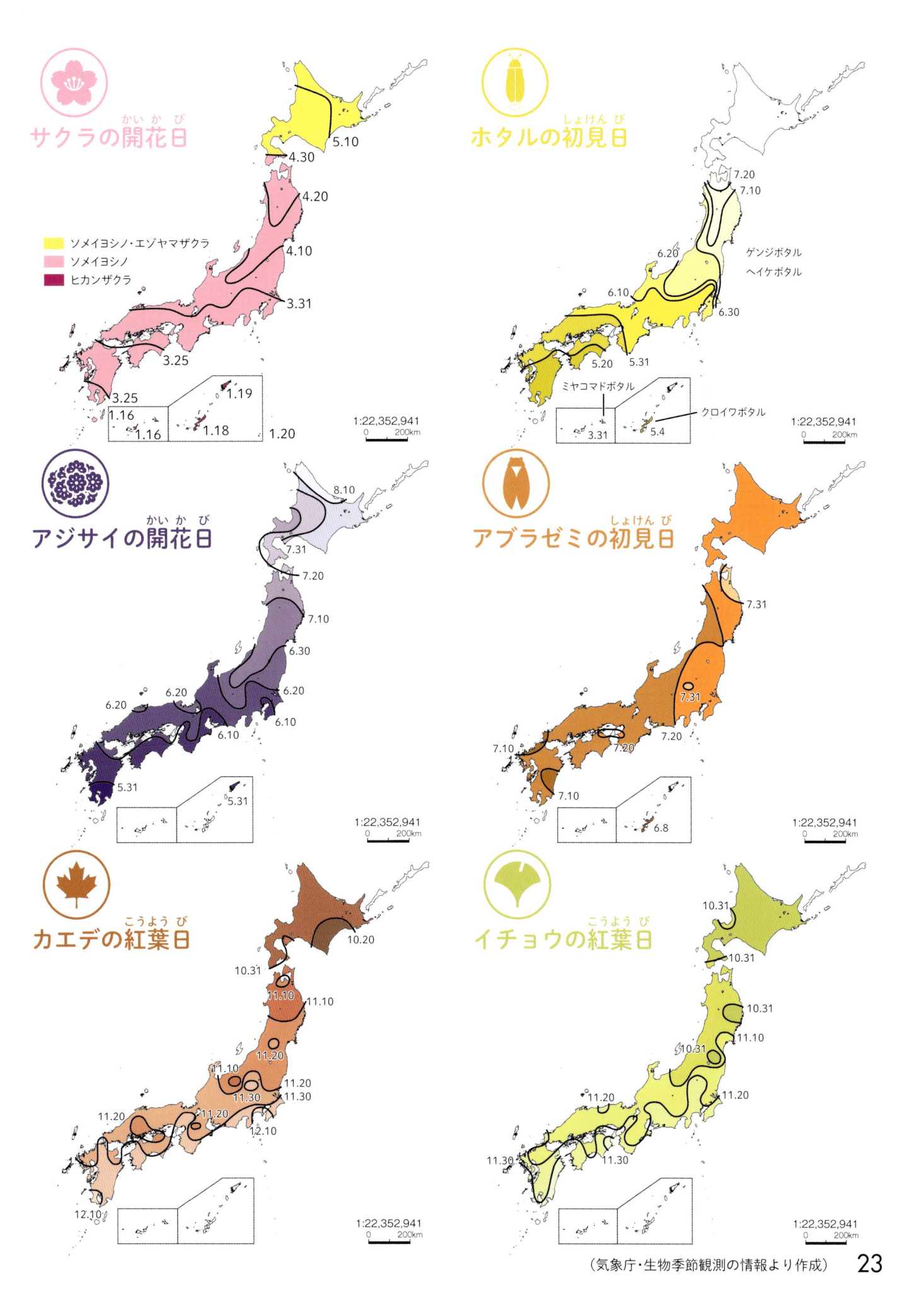

凡例：
- ソメイヨシノ・エゾヤマザクラ
- ソメイヨシノ
- ヒカンザクラ

主な等期日線：5.10／4.30／4.20／4.10／3.31／3.25／3.25／1.19／1.16／1.16／1.18／1.20

縮尺 1:22,352,941　0 200km

ホタルの初見日

ゲンジボタル／ヘイケボタル

主な等期日線：7.20／7.10／6.20／6.10／6.30／5.20／5.31

ミヤコマドボタル 3.31／クロイワボタル 5.4

縮尺 1:22,352,941　0 200km

アジサイの開花日

主な等期日線：8.10／7.31／7.20／7.10／6.30／6.20／6.20／6.20／6.10／6.10／5.31／5.31

縮尺 1:22,352,941　0 200km

アブラゼミの初見日

主な等期日線：7.31／7.31／7.20／7.20／7.10／7.10／6.8

縮尺 1:22,352,941　0 200km

カエデの紅葉日

主な等期日線：10.20／10.31／11.10／11.10／11.20／11.10／11.20／11.20／11.30／11.30／12.10／12.10

縮尺 1:22,352,941　0 200km

イチョウの黄葉日

主な等期日線：10.31／10.31／10.31／11.10／11.20／11.20／11.30／11.30

縮尺 1:22,352,941　0 200km

（気象庁・生物季節観測の情報より作成）

日本の島々

島の大きさランキング

1位	本州	227,972km²
2位	北海道	77,984km²
3位	九州	36,739km²
4位	四国	18,299km²
5位	択捉島(北海道)	3,183km²
6位	国後島(北海道)	1,499km²
7位	沖縄島(沖縄県)	1,208km²
8位	佐渡島(新潟県)	855km²
9位	奄美大島(鹿児島県)	712km²
10位	対馬(長崎県)	696km²
11位	淡路島(兵庫県)	592km²
12位	屋久島(鹿児島県)	505km²
13位	種子島(鹿児島県)	445km²

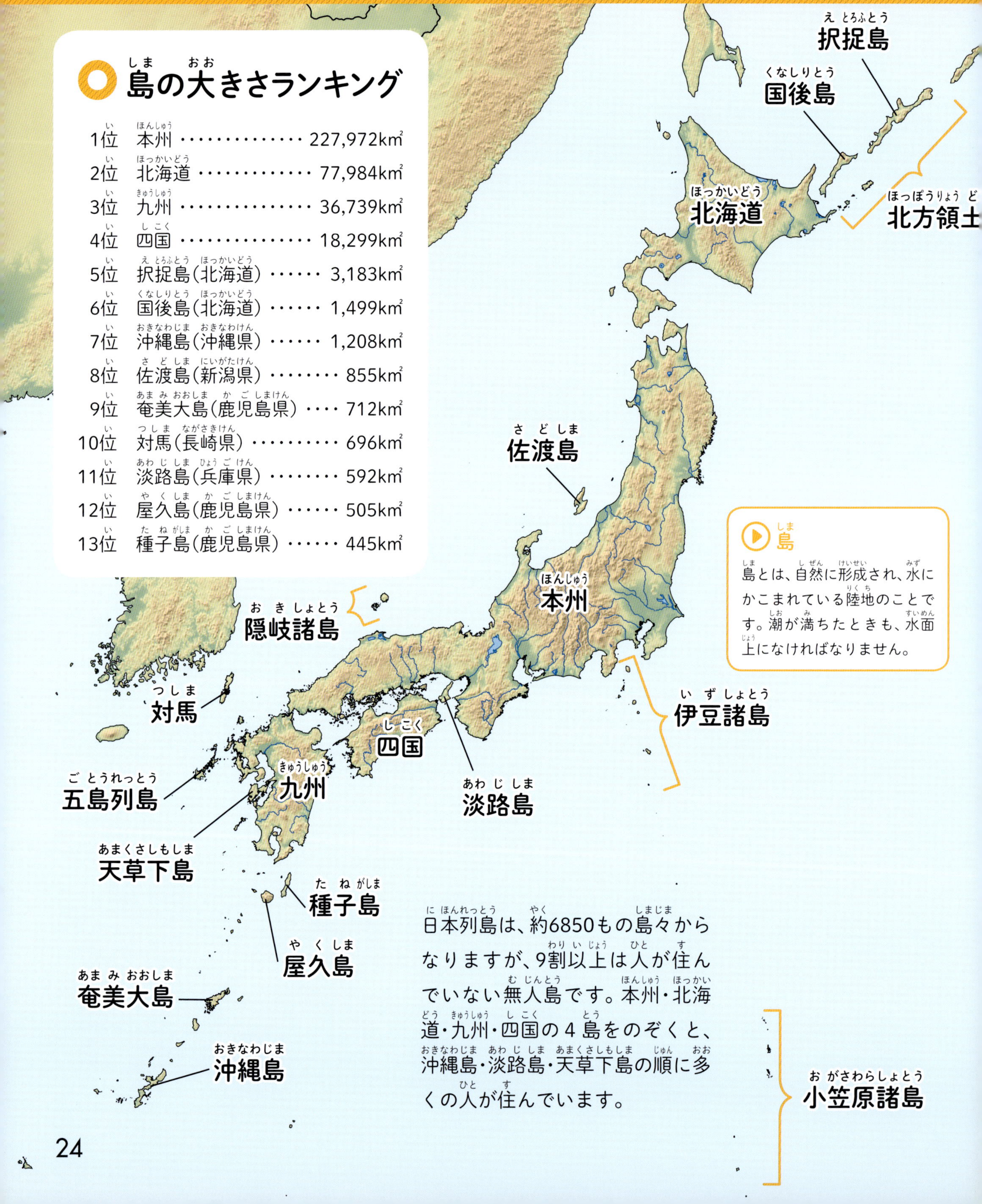

択捉島
国後島
北方領土
北海道
佐渡島
本州
隠岐諸島
伊豆諸島
対馬
四国
五島列島
九州
淡路島
天草下島
種子島
屋久島
奄美大島
沖縄島
小笠原諸島

島

島とは、自然に形成され、水にかこまれている陸地のことです。潮が満ちたときも、水面上になければなりません。

日本列島は、約6850もの島々からなりますが、9割以上は人が住んでいない無人島です。本州・北海道・九州・四国の4島をのぞくと、沖縄島・淡路島・天草下島の順に多くの人が住んでいます。

あたたかい土地のくらし
ー沖縄島ー

沖縄の海開き

● 4月なのに海開き!?

　沖縄島は、およそ東経127度、北緯26度に位置しています。緯度が低いうえに、まわりを海にかこまれ、沖合いを暖流の日本海流が流れています。そのため、沖縄は、1年を通して気温が高く、あたたかい南西諸島の気候です。

　沖縄の海開きはとても早く、春先から海水浴やマリンスポーツを楽しむことができます。また、サンゴ礁や珍しい動植物など、亜熱帯の気候に特有の美しい自然が残され、独特の歴史や文化が息づいてきたことからも、魅力的な観光地や修学旅行先として人気を集めています。

▼那覇の雨温図
年平均気温 23.1℃
年間降水量 2040.8mm

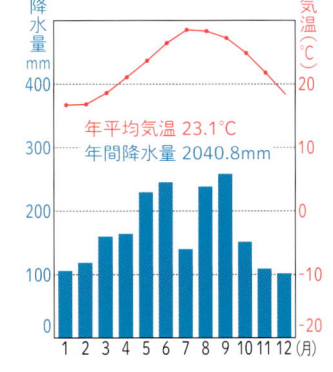

▼東京の雨温図
年平均気温 15.4℃
年間降水量 1528.8mm

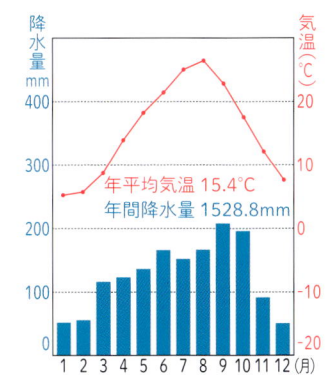

　沖縄の気候を東京の気候と比べると、気温は全体的に高く、冬でも気温が10℃以下になることはありません。夏と冬の気温差（年較差）も大きくありません。降水量は全体的に多く、特に5〜6月の梅雨と8〜9月の台風の時期に雨が多くなっています。

25

蒸し暑く台風が多い沖縄

沖縄は1年中あたたかい気候で、特に夏は日差しがとても強く、蒸し暑くなります。また、沖縄は台風が日本でもっとも多く接近するところです。夏の強い日差しや台風の激しい風や雨にそなえて、沖縄では、さまざまなくらしの工夫がおこなわれてきました。

台風の強風でなぎ倒された街路樹（那覇市内）

接近数	4月	5月	6月	7月	8月	9月	10月	11月	12月	年間
沖縄地方	0.0	0.4	0.6	1.4	2.2	1.7	0.9	0.3	0.1	7.4
九州地方南部	0.0	0.0	0.4	0.7	0.9	1.0	0.4	0.0	-	3.3
近畿地方	-	0.0	0.3	0.5	1.0	1.0	0.5	0.0	-	3.2
関東・甲信地方	-	0.0	0.2	0.4	0.9	1.1	0.6	0.0	-	3.1
北海道地方			0.1	0.2	0.7	0.7	0.1			1.8

◀2010年までの30年間で、各地方に接近した台風の数を平均した表。沖縄地方は、特に夏に近づく台風が多いことがわかる。

※接近数は、各地方の気象庁の観測所などから300km以内に近づいた台風の数。また、甲信地方は山梨県・長野県のこと。（気象庁、台風の統計資料より作成）

台風にそなえた伝統的な沖縄の家

琉球赤瓦の屋根
沖縄島の南部に見られる、「クチャ」という鉄分を含んだ土を低温で素焼きにします。夏の直射日光をさえぎり、コンクリートの屋根よりも4℃ほど室温を下げるといわれています。屋根を重くすることで、台風から家を守るのにも役立っています。

漆喰
塩焼きにした石灰岩に藁と水をくわえてなじませ、それをすりつぶして練りあげたもの。赤瓦どうしのすき間を漆喰で塗り固め、赤瓦が台風で飛ばされないように固定しています。湿気を吸収する効果もあります。

シーサー
獅子や狛犬に似た沖縄の伝説の獣。悪霊を追い払う魔除けの像として、沖縄の伝統的な家では屋根の上に焼き物のシーサーを置きます。

雨端
雨端と呼ばれる軒下は、家の出入りやくつろぐための大切な空間。雨や日差しを避けるために、低くて、長いつくりになっています。屋根をささえる自然の木でできた頑丈な柱は、台風で飛ばされないように地面に固定されています。

南向きの屋敷
夏の南風を利用して風通しが良くなるように、家の南側は開放的なつくりになっていて、窓も南側につくられることが多いです。反対に北側は、冬の北風にそなえて閉じたつくりになっています。

石垣と防風林
石垣は、琉球石灰岩を積み上げてできていて、台風の風を弱め、強風が屋敷の壁に直接あたらない高さに工夫されています。また、石垣に沿うように防風林としてフクギの木が植えられ、木陰のすずしさを生み出しています。

ヒンプン
屋敷の入り口に玄関はなく、ヒンプンと呼ばれる目隠しの石塀が設置されています。

〇 水不足にそなえて

　沖縄は台風が多く、雨がよく降ります。ところが、沖縄の島々では昔から水不足になやまされてきました。

　島を流れる川が短いうえに少ないため、降った雨水がすぐに川を流れ、海にそそいでしまいます。また、人口が集中している沖縄島の南部をはじめ、水を通しやすい琉球石灰岩の広がる地域では、雨水がすぐに地面にしみこんで地下水となってしまいます。そのため、水田はあまり見られません。

　沖縄では、水不足にそなえて、家の屋根や屋上に給水タンクをとりつけ、水道水をたくわえてきました。

　しかし、近年、本格的な地下ダムがつくられてからは、水不足になやまされることも少なくなってきました。

▲屋上に給水タンクがある沖縄のコンクリート住宅

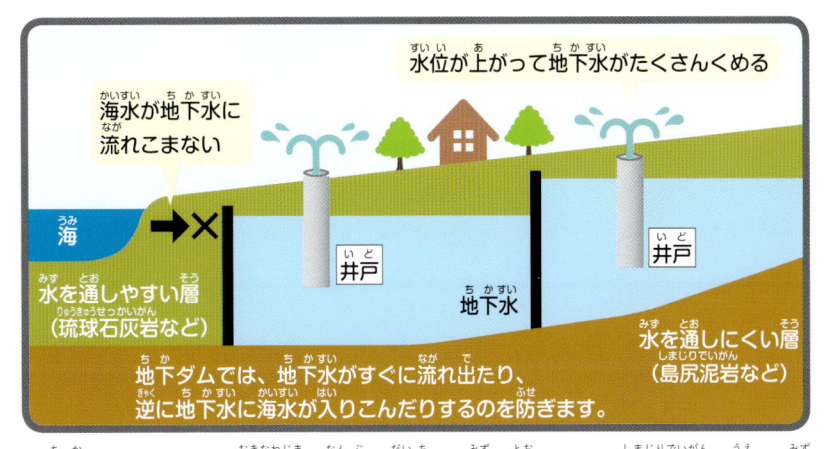

▲地下ダムのしくみ。沖縄島の南部の台地は、水を通しにくい島尻泥岩の上に、水を通しやすい琉球石灰岩が広がっています。そのため、雨が降ると地下にしみこんで地下水となり、ところどころでわき水としてわき出ています。

深める！ 沖縄島の土と農業

　沖縄島の土壌の半分以上は、北部を中心に広がる国頭マージです。国頭マージは、粘りけのある強い酸性の土で、あざやかな赤褐色をしています。酸性の土を好むパイナップルなどのくだものや、茶の栽培に向いています。そのため、パイナップル畑は北部に多く見られます。

　島の南部に見られる島尻マージは、琉球石灰岩がくずれてできたアルカリ性の土です。水を通しやすく乾燥しやすいため、ニンジン・ダイコン・サツマイモなどの栽培に向いています。

　島尻泥岩からできたジャーガルは保水力が高く、サトウキビや、さまざまな野菜・花の栽培に適している肥えた土です。これらの土の分布が沖縄の農業に大きな影響をあたえています。

▲あたたかい土地に特有の木であるガジュマルは、石灰岩を好むので、沖縄島の南部によく見られます。

主要作物のサトウキビ

　サトウキビは、ブラジルやインドなど、熱帯や亜熱帯のあたたかくて雨の多い地域で栽培されていて、沖縄の気候にもぴったりの作物です。しかも、強風で倒されたり曲がったりしても、自力で立ち上がって成長を続けるため、台風に強いのです。
　こうした理由から沖縄島のほぼ全域で栽培され、全国のサトウキビ生産量の半分以上を沖縄県が占めています。沖縄の人々が「サトウキビは沖縄の宝もの」というほど、大切にしてきた作物なのです。

▲サトウキビは砂糖の原料となります。そのため、サトウキビが取り引きされる値段は、重さだけでなく糖度の高さによっても決まります。

糖汁

▲製糖工場では、葉を取り除いてこまかくしたサトウキビをしぼります。こうしてできた糖汁を加熱・ろ過して不純物を取り除き、さらに煮詰めて濃くしていき、砂糖の結晶をつくります。

サトウキビの夏植えと春植え

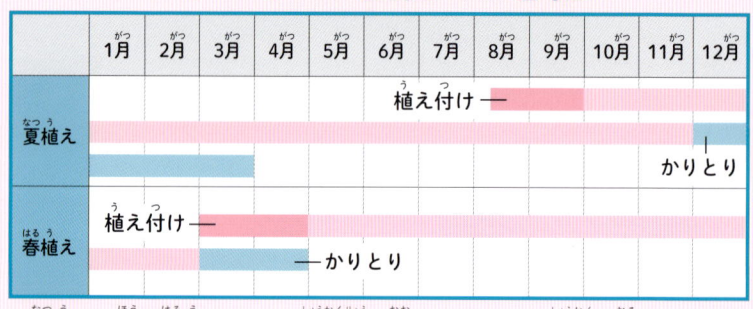

▲夏植えの方が春植えよりも、収穫量は多くなりますが、収穫が遅くなります。サトウキビを収穫した後、根株を残しておけば再び芽が出てくるので、3〜4回収穫できます。この株出しという栽培方法は、植え付けを毎年しなくても良いため、農作業の負担が軽くなります。

○ さかんな農業と水産業

　かつて沖縄の農業といえば、サトウキビとパイナップルの栽培が中心でした。それにくわえて、近年は輸送や栽培の技術が発達し、さまざまな野菜や花、くだものも生産されています。野菜はピーマン・レタス・カボチャ・トマト・ゴーヤー（ニガウリ）など、花はキクやランなどが県外へ出荷され、マンゴーやパッションフルーツといった南国のくだものも、さかんに生産されています。
　沖縄島の沖合いは、暖流の日本海流が流れるため、マグロやカジキの良い漁場となっています。また、「もずく」は、全国の生産量のほとんどを沖縄県が占めており、沖縄県の特産品となっています。

ゴーヤー

もずく

飛行機や船で海をわたる花

キクやランなど沖縄産の花を全国へ出荷するには、飛行機や船を使って、海をわたらなければなりません。飛行機を使うと、短時間で新鮮なまま運べますが、輸送費は船よりも高くなります。

いっぽう、船は、時間がかかりますが、大量に安く運ぶことができます。近年は、花をあらかじめ真空状態のなかで冷やし、3～8℃で冷蔵できるコンテナを使うことで、船や鉄道・トラックで運んでも新鮮さを保てるようになりました。沖縄では、必要な時期に必要な量を送るために、船と飛行機による輸送を使い分けています。

▲飛行機で運ばれる沖縄の花

首里城公園・首里城正殿

沖縄をささえる観光業

沖縄には、サンゴ礁にかこまれた海や珍しい動植物など、亜熱帯に特有の自然が残されています。また、130年ほど前まで沖縄にあった琉球王国が、長らくアジアの国々との貿易や交流の架け橋となってきた歴史があります。

そのため、古くからの独特の文化が根づき、守られてきました。とりわけ、「琉球王国のグスク※及び関連遺産群」は、世界文化遺産に登録されています。こうした歴史・文化・自然が魅力となって、多くの観光客をひきつけています。

※「グスク」とは、一般的には「城」を意味します。

ふかめる！ 沖縄の戦争と基地

太平洋戦争の終わりごろの1945年、沖縄島は激しい戦場となり、12万人以上といわれる沖縄県の人々が犠牲となりました。この戦争に日本が敗れた後は、長らくアメリカの占領が続き、アメリカ軍の基地がつくられてきました。

1972年に沖縄県が日本に返還されてからも、広大なアメリカ軍用地が残されました。国土面積の約0.6％である沖縄県に、日本にあるアメリカ軍用地の面積の約74％が集中しています。そのなかには、すぐ近くに住宅地が広がっている飛行場もあり、基地問題の解決は、沖縄にとって重要な課題となっています。

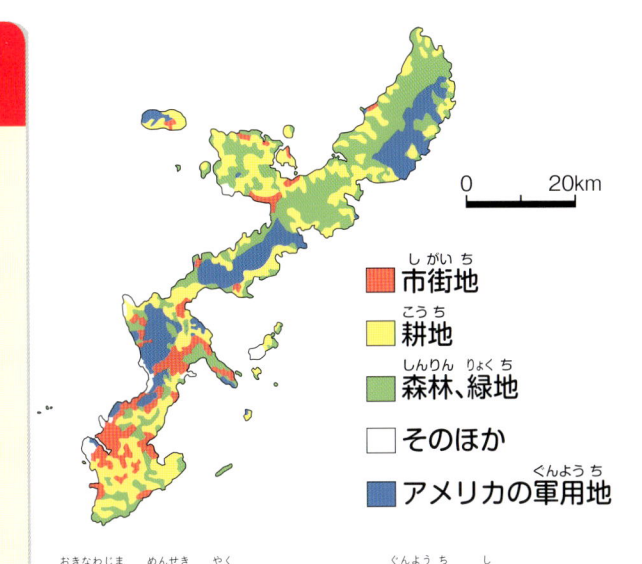

- 市街地
- 耕地
- 森林、緑地
- そのほか
- アメリカの軍用地

沖縄島の面積の約18％をアメリカ軍用地が占めています。

29

沖縄島

沖縄県の沖縄島は、南西諸島最大の島です。大昔のサンゴ礁のはたらきによって形成された琉球石灰岩の台地が広がる島の中部や南部に、県の8割以上にあたる約110万人の人口が集中しています。

慶佐次湾

川が海にそそぐ河口のあたりに、沖縄島で最大規模のマングローブが広がっています。マングローブは、熱帯や亜熱帯の海水にひたる湿地に見られる森林で、おもにヒルギ科の木からなります。

ふつう植物は下に向かって根をはりますが、湿地では横に向かって浅く根をはり、呼吸をしたり幹を支えたりしています。マングローブの根は、満ち潮のときは水中にありますが、引き潮のときは干潟とともにすがたをあらわし、カニや貝類、ハゼなどさまざまな生物の隠れ家となります。

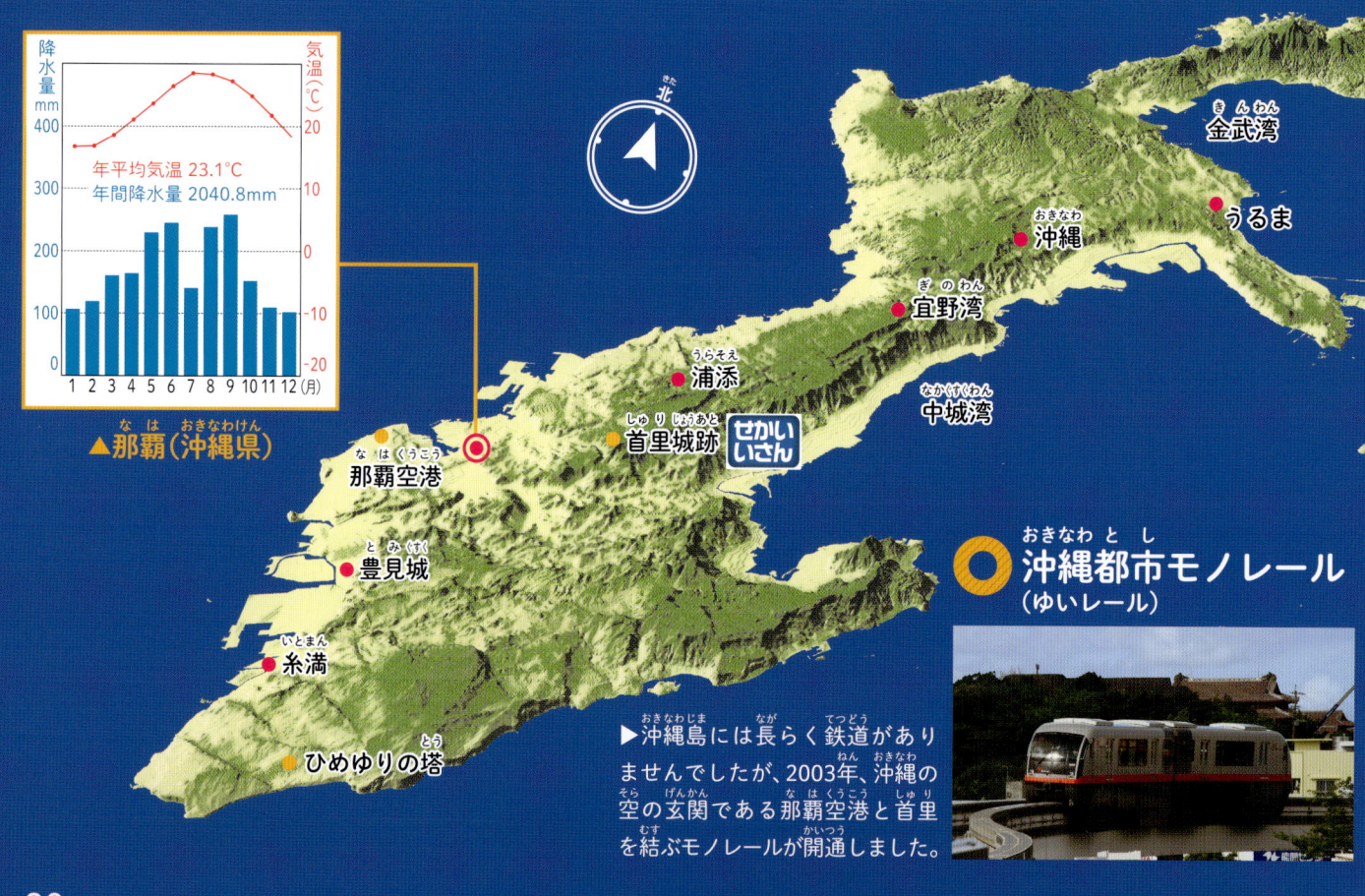

慶佐次湾のマングローブ

▲那覇（沖縄県）
年平均気温 23.1℃
年間降水量 2040.8mm

金武湾
うるま
沖縄
宜野湾
浦添
中城湾
首里城跡　せかいいさん
那覇空港
豊見城
糸満
ひめゆりの塔

沖縄都市モノレール（ゆいレール）

▶沖縄島には長らく鉄道がありませんでしたが、2003年、沖縄の空の玄関である那覇空港と首里を結ぶモノレールが開通しました。

▲ノグチゲラ 　　　　▲ヤンバルクイナ 　　　　▲山原の深い森

山原(やんばる)

与那覇岳を中心とする島の北部は山原と呼ばれ、低い山々と森林が広がり、多くの川が流れています。

山原には、亜熱帯特有の豊かな自然が残され、この地域の固有の生き物が多くすんでいます。なかでも、ヤンバルクイナやノグチゲラなどが、絶滅危惧種に指定されています。

与那覇岳(よなはだけ)

標高503mの沖縄島でもっとも高い山です。

本部半島
名護湾
名護
辺野古

福地(ふくじ)ダム

沖縄島に11あるなかで最大のダム。島の南部まで水を供給する「沖縄島の水がめ」です。台風などで雨がたくさん降り、水があふれて洪水のおそれがある場合、下流の川に水を流すだけでなく、ダムの上流から直接海にも水を放流できる珍しいダムです。洪水を防ぎ、飲み水や工業用水を供給するだけでなく、水力発電にも利用される多目的なダムです。

深める！ サンゴ礁

沖縄では、海が水色やエメラルドグリーンにかがやき、白い砂浜や沖の藍色との対比で、とても美しい景観をおりなします。このように海がかがやくのは、浅瀬にサンゴ礁が発達しているからです。サンゴ礁は、水温が高く、浅くてきれいな海にしか生息しません。このような浅い海を沖縄では「イノー」と呼んで、小魚や貝、海藻が豊富なことから「海の畑」として大切にされてきました。

サンゴは、サンゴ虫という小さな生き物が集まったものです。サンゴ虫は、二酸化炭素を吸収しながら、貝殻と同じ炭酸カルシウムでできたからだをつくって増えていき、サンゴ礁となります。石灰岩はサンゴなどの死がいが、長い時間をかけてかたまったものです。沖縄島の南部は、琉球石灰岩が隆起(盛り上がること)してできた台地が広がっています。

屋久島

鹿児島県の屋久島は、全体が屋久島町に含まれます。平地は海沿いにわずかに見られ、そのほかは山地です。日本有数の降水量がはぐくむ森林など、その豊かな自然環境が世界自然遺産に登録されています。

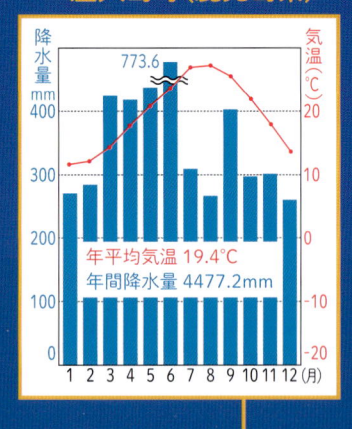

▼屋久島町（鹿児島県）
年平均気温 19.4℃
年間降水量 4477.2mm
773.6

宮之浦岳 [せかいいさん]

標高1,936mの九州地方でもっとも高い山。屋久島のほとんどが1,000mを超える山地で、「洋上のアルプス」とも呼ばれます。その中央部に宮之浦岳がそびえ、永田岳や黒味岳とあわせて屋久三山といいます。

黒味岳 [せかいいさん]

永田岳 [せかいいさん]

宮之浦川

屋久杉 せかいいさん

　ふつうスギの木の寿命は500年ほど。しかし、屋久島の標高500m以上の地域は、樹齢1000年を超える天然の屋久杉の生育地です。縄文杉などの太いスギが生えるのは、屋久島が養分の少ない花崗岩でできた島であることなどの影響で、生長が遅くなるからではないかといわれています。

　豊臣秀吉は、京都の方広寺を建てるのに屋久杉の伐採を命じたとされます。それまで屋久杉は神木としてあがめられ、あまり伐採されることはありませんでした。しかし、江戸時代以降は、林業が島のもっとも重要な産業となりました。

　屋久島が世界自然遺産に登録された現在は、縄文杉などを見に行くエコツアー（自然などを守りながら体験・学習する旅行）が組まれ、観光業が島の産業の中心となっています。

▲標高1300m付近に見られる縄文杉は日本でもっとも太いスギの木です。

永田浜

　屋久島最大の砂浜で、日本のアカウミガメの約5割が上陸する北太平洋最大の産卵地です。毎年4〜8月にかけてアカウミガメが上陸し、卵からかえった子ガメは、7〜9月ごろに海へとかえっていきます。

　ウミガメが産卵できる環境が積極的に保護されていることもあり、国際的に重要な湿地を守るために結ばれたラムサール条約の登録地となっています。

永田浜から海に帰るアカウミガメ

深める！ ひと月に35日雨が降る島 ―屋久島の気候と植生―

　屋久島には、0〜2000m近くまで標高の差があります。低いところは、あたたかい亜熱帯の気候ですが、高いところは北海道と同じ冷帯のような気候で、雪が降ることもあります。そのため、気温の変化におうじて、さまざまな植物が見られ、その数は1900種類以上にのぼるとされています。

　年間降水量もきわめて多く、山間部では8,000〜10,000mmも降ります。「ひと月に35日雨が降る」といわれるほどで、これも豊かな植物がはぐくまれている理由といえます。

　きわめて多い降水量を利用し、屋久島のほぼすべての電力が水力発電でまかなわれています。これは世界中でもめずらしい例で、豊かな自然環境を守るため、島内を走る自動車も、電気自動車が多く使われています。

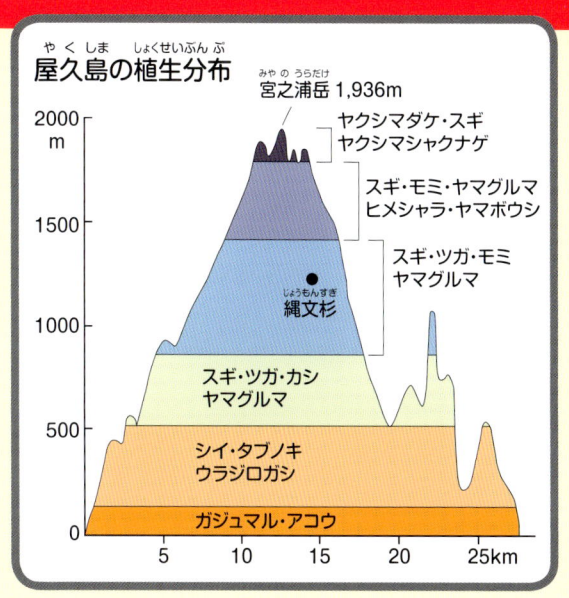

屋久島の植生分布

宮之浦岳 1,936m

- ヤクシマダケ・スギ ヤクシマシャクナゲ
- スギ・モミ・ヤマグルマ ヒメシャラ・ヤマボウシ
- スギ・ツガ・モミ ヤマグルマ（縄文杉）
- スギ・ツガ・カシ ヤマグルマ
- シイ・タブノキ ウラジロガシ
- ガジュマル・アコウ

種子島

鹿児島県の種子島は、鉄砲伝来の歴史と種子島宇宙センターで有名です。高くても標高280mほどの平たんな島です。1年中さまざまな農作物が育ち、食料自給率がとても高いという特色があります。

鉄砲

戦国時代の1543年、種子島に中国船が漂着しました。島を治める種子島時堯は、この船に乗っていたポルトガル人が持っていた鉄砲に注目します。その威力におどろいた時堯は、大金で鉄砲2丁を買い入れ、さっそく家臣に鉄砲づくりを命じました。

砂鉄がとれる種子島では、鉄をつくる製鉄や、鉄を加工する鍛冶の技術が古くから発達していました。ヨーロッパの進んだ技術で製造された鉄砲を日本の刀鍛冶がつくったのはおどろくべきことです。

火縄銃と呼ばれた鉄砲は、新型兵器としてすぐに全国に広がり、戦国時代の戦い方を大きく変えました。そして、大阪府の堺や滋賀県の国友などの鉄砲鍛冶によって、大量に生産されるようになったのです。

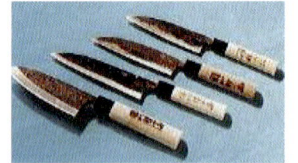

▲脈々と続いてきた鉄砲鍛冶の技術は、現在も種子包丁や、種子ばさみといった鉄製品に受け継がれています。

▼西之表（鹿児島県）
年平均気温 19.6℃
年間降水量 2345.0mm

中種子町

南種子町

鉄砲伝来の地（門倉岬）

安納いも

種子島を代表するサツマイモのブランドです。サツマイモは「甘藷」とも呼ばれ、江戸時代はじめ、中国から琉球王国(現在の沖縄)に伝わりました。そのため、現在も沖縄では「唐芋」と呼ばれます。

やがて、琉球王国から薩摩国(現在の鹿児島県)の種子島に伝わります。鹿児島や種子島では、サツマイモは「唐芋」や「琉球芋」と呼ばれてきました。

江戸時代なかば、将軍の徳川吉宗は、学者の青木昆陽(後に「甘藷先生」と呼ばれる)を用いて飢饉(人々が飢え苦しむこと)にそなえて、サツマイモの栽培をすすめさせました。そして、鹿児島から全国に広まったので、サツマイモと呼ばれるようになったのです。種子島では、安納いものほかにも、紫芋や種子島ゴールドといったブランドのサツマイモが栽培されています。

深める！ なぜ種子島に宇宙センターが？

ロケットは、地球の自転する遠心力を効率良く利用して、東や南の方へ向かって打ち上げます。そのため、遠心力が大きい赤道に近いほど、打ち上げるエネルギーが少なくてすみます。種子島よりも沖縄の方が南にありますが、発射場が計画された段階では、沖縄はまだアメリカから返還されていませんでした。そこで、種子島にロケット発射場がつくられたのです。また、発射場の東側・南側には海が広がり、ロケットを打ち上げるときに安全を確保できることも、種子島に発射場がある利点となっています。

種子島宇宙センター

1969年に設立された日本最大のロケット発射場です。JAXA(宇宙航空研究開発機構)が運営し、日本の人工衛星の打上げに中心的な役割を果たしています。海岸線に面するその景観から、世界一美しいロケット発射場といわれています。島民の多くが宇宙センターの仕事にかかわり、観光や取材で訪れる人も多く、宇宙センターは種子島の経済にとっても大切な役割を担っています。

対馬（つしま）

長崎県の対馬は、全体が対馬市に含まれます。九州と朝鮮半島の中間にあり、「国境の島」と呼ばれてきました。田畑を開く平地にとぼしいため、朝鮮半島との交流や貿易に活路を見出してきた歴史があります。

石屋根（いしやね）

対馬で産出される板状の石でふいた屋根です。石屋根は、わらぶき屋根のように屋根をふきかえる必要がありません。また、瓦屋根とちがって、「あなじ」と呼ばれる冬の強い北西の季節風にも吹き飛ばされません。

火事がおこっても焼ける心配が少ないため、大切な家財をしまっておく倉庫に石屋根が用いられました。さらに、この倉庫は木を組んでできているため、風通しが良く、木材が湿気を吸収してくれます。高床になっていて、ネズミ・虫などによる被害や、大雨による洪水の被害からも、家財を守ることができます。

対馬の石屋根

御岳（みたけ）

北（きた）

浅茅湾（あそうわん）

佐須川（さすがわ）

矢立山（やたてやま）

ふかめる！ いりやき ―対馬の特産物がつまった郷土料理―

対馬の特産物をぜいたくに使った、港町に古くから伝わる郷土料理です。対馬産の地鶏かメジナ・ブリなど地元でとれた魚、特産品である対馬シイタケをはじめ、たっぷりの野菜を使う寄せ鍋の一種です。

対馬は「ツバキの島」と呼ばれるほど、ツバキがあちこちで自生しています。もともとツバキの油で材料の鶏肉または魚を炒ってから料理したため、「炒り焼き」と名付けられたという説があります。

○ 真珠の養殖

もともと対馬には真珠がとれる天然のアコヤガイが生息していましたが、大正時代に北村幸一郎という人物が養殖の技術をもたらしました。海岸線が複雑に入り組んだリアス海岸であり、波が穏やかで、きれいな水を確保できる環境が真珠の養殖に向いていたからです。

アコヤガイは、海水の温度が10℃以下の低温や25℃以上の高温になると、弱ったり死んだりしてしまいます。

対馬の海水は、ほかの養殖地と比べて水温が低めで、養分も少ないとはいえ、その分、ゆっくり時間をかけることで、良質な真珠を生産しています。長崎県は、愛媛県や三重県と並ぶ真珠の産地で、特にリアス海岸の見られる対馬や壱岐島、大村湾などで養殖がさかんです。

▼対馬（長崎県）
年平均気温 15.8℃
年間降水量 2235.2mm

○ 万関瀬戸

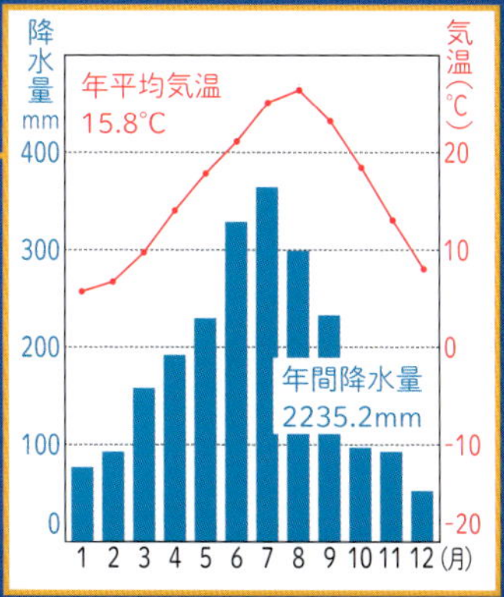

対馬の東岸と西岸、さらに朝鮮海峡と対馬海峡を結ぶ運河です。この運河を境に、対馬は上島と下島に分けられます。

明治時代に日本海軍がきり開き、日露戦争のときには、この運河を通って海軍の部隊が出撃していきました。

対馬には、万関瀬戸のほかにも、大陸との交流の歴史にまつわる観光名所がたくさんあります。

▲万関瀬戸にかかる万関橋も観光名所となっています。

淡路島
あわじしま

兵庫県の淡路島は、瀬戸内海で最大の島です。本州と明石海峡大橋で、四国と大鳴門橋で結ばれています。神戸や大阪など近くの大都市に向けて、農産物や水産物をさかんに出荷している「食材の宝庫」です。

鳴門の渦潮

鳴門海峡は瀬戸内海と太平洋の間の海峡で、幅は1.4kmほどしかありません。特殊な地形のため、海峡の北側が満ち潮のとき、南側が引き潮となり、その高低差は最大2mにもなります。このとき、大量の海水が瀬戸内海から太平洋に流れこみ、日本一速い潮の流れを生み出します。

潮の流れの速いところと遅いところがあるため、潮は渦を巻くようになり、有名な鳴門の渦潮が発生します。渦潮は、海底近くにしずんだ養分の豊かな海水をかき回すため、プランクトンが増え、それをエサとする魚たちが集まってきます。このため、鳴門海峡は良い漁場であり、漁業は淡路島の重要な産業となっているのです。

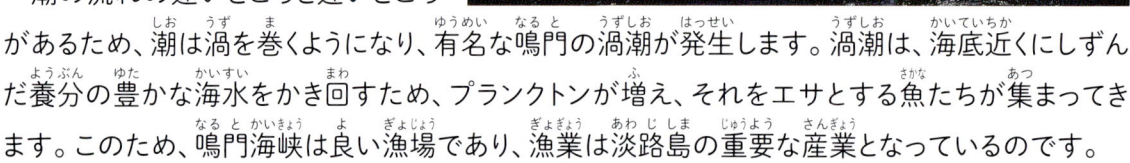

▼洲本(兵庫県)
年平均気温 15.5℃
年間降水量 1406.6mm

瀬戸内海
北
三原川
三原平野
南あわじ
諭鶴羽山地
大鳴門橋
徳島平野
太平洋

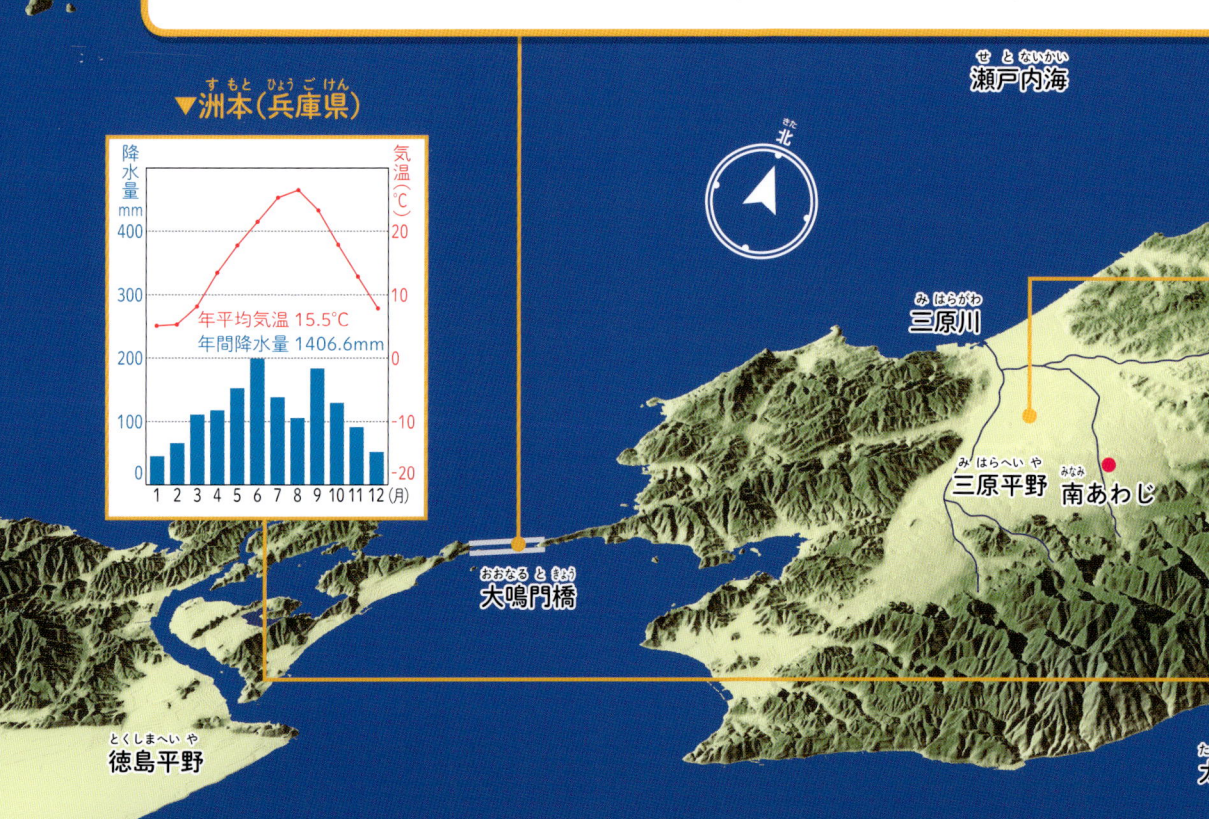

吊りタマネギ

淡路島のおだやかで雨の少ない気候と豊かな土壌が甘味のあるタマネギの栽培に向いています。全国でも特に淡路島で多く見られるのが、収穫したタマネギを吊り下げて保存するタマネギ小屋です。タマネギは、湿気が多くなると痛みやすいため、梅雨の時期などに吊り下げておくと、長く保存ができます。さらに、余分な水分がぬけるため、タマネギの甘みが増すのです。

▲20個ほどのタマネギの束をたくさん吊り下げるには、たいへんな手間がかかります。

加古川
播磨平野
明石
六甲山地
政令指定
神戸(兵庫県)
神戸港
大阪湾
淡路
洲本川
洲本

明石海峡大橋

淡路島と神戸を結ぶ本州四国連絡橋のひとつ。世界一長い吊り橋です。

海苔の養殖

森吉一という人物が、小さな船で漁をする漁師たちの生活を安定させるため、潮の流れが速い海域でも、海苔を養殖できる「いかだ式浮動養殖法」の開発に成功しました。この方法は、淡路島をはじめとする各地の海苔養殖法の主流となりました。そして、兵庫県は全国有数の海苔の産地となっていきました。

深める！

お線香といえば淡路島

昔から線香の製造がさかんで、現在も全国の70%以上は淡路島で生産されています。江戸時代の終わりに、大坂の堺から漁業中心の村に線香をつくる技術が伝わりました。

瀬戸内海沿岸の乾燥した気候は、線香の製造に向いていたのです。また、原材料であるスギの葉の粉を徳島で手に入れることができ、製品を運ぶのにも便利でした。そのため、冬の強い季節風で漁に出られない漁師たちの副業として、線香づくりがさかんになりました。

佐渡島(さどしま)

新潟県の佐渡島は、全体が佐渡市に含まれます。北緯38度の緯線が通る高緯度の島ですが、近くを暖流の対馬海流が流れるため、日本海側の気候としては、おだやかで、それほど雪も多く降りません。

佐渡の金銀山(道遊の割戸)

佐渡島には、1989年に閉山するまでの約400年間で金78トン、銀2330トンを産出した日本最大級の金銀山がありました。なかでも代表的な相川金銀山では、人々が競って金や銀を掘り進めた結果、山のてっぺんが大きく2つに割れてしまいました。その割れた跡は「道遊の割戸」と呼ばれています。

道遊の割戸

▼両津(新潟県佐渡市)

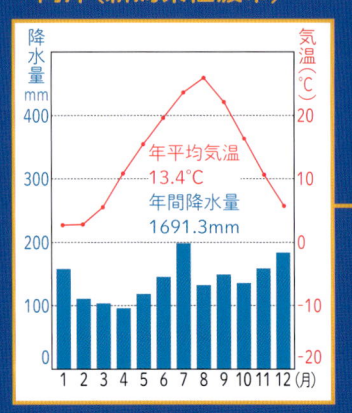

年平均気温 13.4℃
年間降水量 1691.3mm

両津港と新潟港は定期航路で結ばれ、高速船であれば1時間ほどで行くことができます。

大佐渡山地
両津湾
加茂湖
国府川
佐渡
真野湾
小佐渡丘陵(小佐渡山地)
小木海岸

北

40

国中平野

江戸時代の佐渡島には金銀山で働く労働者がたくさん移り住んできました。増えていく人口を養うため、平野や山地に水田が開発されました。現在の国中平野にも、島の人口の多くが住み、多くの美しい田んぼが広がり、佐渡の米どころとなっています。

また、金銀山がおとろえた後は開発がすすまなかった佐渡には、国中平野や周辺の山地に豊富な自然が残され、さまざまな生き物が見られます。とりわけ、絶滅寸前となってしまったトキが、野生への復帰をめざして放たれ、保護されています。国中平野の水田や山地に広がる棚田は、トキのエサ場としても大切なのです。

深める！ 世界農業遺産

国際連合（国連）の国連食糧農業機関（FAO）が、生物の多様性を守っている、農業によってつちかわれた土地の利用方法や景観などを世界農業遺産として認定しています。日本では、2011年、新潟県の「トキと共生する佐渡の里山」と、石川県の「能登の里山里海」が最初に認定されました。

佐渡では、冬にも水田の水をためておく冬期湛水などを「生きものをはぐくむ農法」としてすすめてきたことが、高く評価されました。

佐渡の岩首昇竜棚田

磯ねぎ漁

小木海岸には、狭く入り組んだ複雑な岩石海岸が見られます。

江戸時代の地震で海岸線が複雑になり、舟が使えなくなったため、明治時代、洗濯桶を何度も改良した「たらい舟」が漁に使われるようになりました。そして、たらい舟に乗った漁師や海女が箱眼鏡で水中をのぞき、アワビ・タコ・ワカメなどをとる磯ねぎ漁が現在もおこなわれています。

北方領土の島々

北海道の北方領土は、択捉島・国後島・色丹島・歯舞群島のことです。根室半島から弓なりに連なり、太平洋とオホーツク海を分けている千島列島の南部の地域です。活発な火山活動によって形成され、活火山の多い島々です。

北方領土の歴史

北方領土の沖合いは、シベリアから養分を運んでくる千島海流（親潮）などが流れるため、マス・タラ・サケなどの水産資源が豊富な海域です。江戸時代までの択捉島や国後島には、先住民族であるアイヌの人々が住んでいました。択捉島には、探検家の近藤重蔵が「大日本恵登呂府」と刻んだ木の柱を立てて領有を主張しました。

江戸時代の終わりごろ、ロシアとの間で結ばれた日露和親条約で日本の領土となりました。しかし、太平洋戦争が終わった後、ソビエト連邦（現在のロシア連邦）に不法に占領され、そのままロシアは領有を主張しています。日本政府は、これらの島を返すように、ロシアと交渉を続けています。

- 知床半島
- 羅臼山
- 泊山
- 泊村
- 国後島
- ルルイ岳
- 爺爺岳
- 留夜別村
- 根室海峡
- 北
- 根室半島
- 水晶島

▲遠くに見えるのが国後島。よく晴れた日には、根室半島や知床半島から対岸の国後島をのぞむことができます。

▲標高1,587mの火山で、択捉島の最高峰である散布山。豊かな自然が残されている択捉島にはロシアの人々が住み、おもに漁業をいとなんでいます。島の電力は、地熱発電でまかなわれるようになっています。

オホーツク海
散布山
択捉阿登佐岳
留別村
紗那村
蘂取村
択捉海峡
内保湾
単冠湾
小田萌山
国後水道
択捉島
ベルタルベ山

色丹島
色丹村
太平洋
色丹水道

歯舞群島
多楽島
志発島

▲色丹島の学校。手前の建物は大きな地震の後に日本の支援でつくられました。奥のきれいな校舎は、ロシア政府によってつくられました。

43

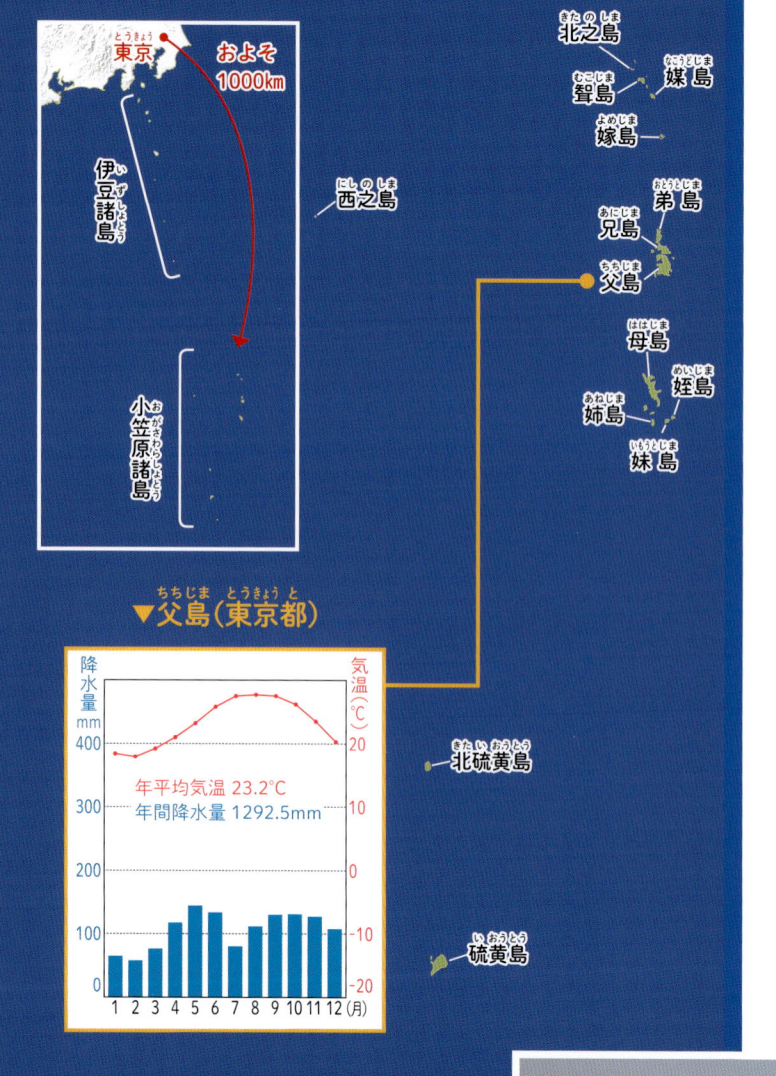

小笠原諸島

東洋のガラパゴス

　小笠原諸島は、太平洋上の30ほどの島々からなり、沖縄県とほぼ同じ緯度にあります。南北400kmほどにわたって細長く連なり、海底火山が盛り上がって、できました。

　どの島も孤立していて、大陸と地続きになったことが一度もないため、珍しい動植物が独自の進化をとげています。そのため、「東洋のガラパゴス」や「進化の実験場」と呼ばれ、2011年に世界自然遺産に登録されました。

小笠原諸島のくらし

　小笠原諸島は東京都に属していますが、都心から1000kmほども南に離れた父島や母島だけにしか一般の人々は住んでいません。

　また、日本の東の端である南鳥島や、南の端である沖ノ鳥島、自衛隊の基地だけがある硫黄島なども含まれます。どの島にも民間の空港はなく、船でわたるほかはありません。

　父島や母島でのくらしに必要な生活用品や食料品は、1週間に1度ほどの定期船「おがさわら丸」で運ばれてきます。新聞や郵便物も一週間分がまとめて届きます。

▼父島（東京都）
年平均気温 23.2℃
年間降水量 1292.5mm

2016年7月より新しくなったおがさわら丸

◯ 独自の生態系を守るために

小笠原諸島では、ここでしか見られない固有種の動植物がたくさん生息しています。そのなかには数が減ってしまい、絶滅の危機にさらされているものもあります。

繁殖力が強く、もともと見られなかった外来種の動植物が島の外から入ってきたことが、原因として考えられています。

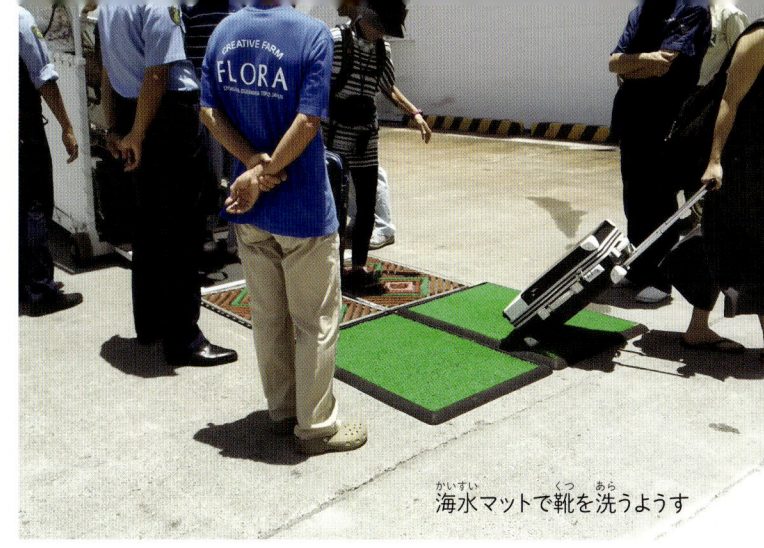

海水マットで靴を洗うようす

父島や母島では、船から降りるときに靴底を海水マットできれいにしています。土や虫、植物の種子などが、人間の移動といっしょに持ちこまれないよう、徹底しています。世界自然遺産である小笠原諸島の貴重な生態系を守るためには、近年、増えてきた観光客の協力も欠かせないのです。

▲オガサワラオカモノアラガイ(左)とオガサワラオオコウモリ(右)は、いずれも絶滅が心配されている小笠原諸島の固有種です

噴火で大きくなる西之島

1973年に海底火山が噴火して新しい島が生まれました。西之島です。西之島は噴火を続けて大きくなりました。

さらに2013年、島のすぐ近くで噴火がおこり、もうひとつの新しい島が生まれました。この噴火が続いたことにより、2つの島が合体して、新しい西之島が生まれたのです。

1973年

2013年　旧西之島　西之島新島

2015年

調べ学習にオススメ！ 詳しくて、わかりやすい各地のホームページ

日本の国土のすがたや地図の読み方など	国土地理院ホームページ	http://www.gsi.go.jp/KIDS
日本各地の気候や台風など	気象庁ホームページ	http://www.jma.go.jp/jma/kids
さまざまな地球儀	株式会社渡辺教具製作所	http://blue-terra.jp
国土交通省 首都圏外郭放水路	国土交通省 江戸川河川事務所 国土交通省 首都圏外郭放水路	http://www.ktr.mlit.go.jp/edogawa/gaikaku
福地ダム	沖縄総合事務局 北部ダム統合管理事務所 やんばるのダム	http://www.dc.ogb.go.jp/toukan
台風にそなえた沖縄の伝統的な家	国指定重要文化財中村家住宅	http://www.nakamura-ke.net
沖縄の花	沖縄県花卉園芸農業協同組合	http://www.taiyo-hana2.jp
沖縄の歴史（琉球王国や首里城など）	首里城公園	http://oki-park.jp/sp/shurijo/about
屋久杉・縄文杉	屋久島町立 屋久杉自然館	http://www.yakusugi-museum.com
永田浜のウミガメ	NPO法人 屋久島うみがめ館	http://www.umigame-kan.org
安納いも	一般財団法人 安納いもブランド推進本部	http://annouimo-brand.com
種子島宇宙センター	ファン！ファン！JAXA！ 種子島宇宙センター	http://fanfun.jaxa.jp/visit/tanegashima
対馬	対馬観光物産協会 国境の島 対馬へ	http://www.tsushima-net.org
真珠の養殖	北村真珠養殖株式会社	http://www.kitamura-pearls.co.jp
淡路島の吊りタマネギ	農業生産法人 有限会社 新家青果	http://www.shinkeseika.co.jp
鳴門海峡の渦潮のしくみ	南あわじ市 うずしお世界遺産推進課	http://www.city.minamiawaji.hyogo.jp/soshiki/uzushio/shikumi.html
佐渡金銀山	佐渡市役所 佐渡金銀山を世界遺産に	https://www.city.sado.niigata.jp/mine
佐渡の棚田	佐渡棚田協議会	http://sadotanada.com
小笠原諸島	小笠原村観光局 小笠原へ行こう！	http://www.visitogasawara.com
小笠原諸島の自然	小笠原自然情報センター	http://ogasawara-info.jp
おがさわら丸	小笠原海運株式会社	http://www.ogasawarakaiun.co.jp

さくいん

あ

- アイヌ ……… 42
- 明石海峡大橋 ……… 39
- 秋雨／秋雨前線 ……… 17
- あなじ ……… 36
- 亜熱帯 ……… 14,25,28-31,33
- アフリカ大陸 ……… 4,5
- 雨端 ……… 26
- アメリカ軍用地 ……… 29
- 淡路島 ……… 24,38,39
- 安納いも ……… 35
- 石屋根 ……… 36
- 緯線／緯度 ……… 6-8,18,25,40,44
- 磯ねぎ漁 ……… 41
- いりやき ……… 37
- インド洋 ……… 4,5
- 雨温図 ……… 14,15,25
- 海風 ……… 20
- 択捉島 ……… 13,24,42,43
- 小笠原諸島 ……… 24,44,45
- 沖縄島 ……… 24-31
- 沖縄都市モノレール（ゆいレール） ……… 30
- 沖ノ鳥島 ……… 13,44
- オーストラリア大陸 ……… 4,5
- オホーツク海 ……… 10,11,17,42,43

か

- 開花日 ……… 22,23
- 海岸線 ……… 10,12,35,37,41
- 海溝 ……… 11
- 海盆 ……… 11
- 干害 ……… 16
- 韓国（大韓民国） ……… 3,4,12
- 寒流 ……… 10
- 季節風 ……… 20,21,36,39
- 北アメリカ大陸 ……… 5
- 北朝鮮（朝鮮民主主義人民共和国） ……… 3
- 給水タンク ……… 27
- 金銀山 ……… 40,41
- 国後島 ……… 24,42,43
- 国中平野 ……… 41
- 経線／経度 ……… 6-9
- ゲリラ豪雨 ……… 17,19
- 公海 ……… 12
- 高気圧 ……… 20,21
- 洪水／水害／風水害 ……… 16,17,36
- 公転 ……… 8
- 紅葉日 ……… 23
- ゴーヤー／グリーンカーテン（緑のカーテン） ……… 19,28
- 近藤重蔵 ……… 42

さ

- サツマイモ ……… 27,35
- サトウキビ ……… 27,28
- 佐渡島 ……… 24,40,41
- サンゴ／サンゴ礁 ……… 25,29-31
- 子午線 ……… 6,8
- 色丹島 ……… 42,43
- シーサー ……… 26
- 時差 ……… 9
- 自転 ……… 8,35
- 島尻泥岩 ……… 27
- 集中豪雨 ……… 17
- 首都圏外郭放水路 ……… 17
- 縄文杉 ……… 33
- 初見日 ……… 22,23
- 真珠 ……… 37
- 正距方位図法 ……… 7
- 世界自然遺産 ……… 32,33,44,45
- 世界農業遺産 ……… 41
- 世界文化遺産 ……… 29
- 赤道 ……… 6-9,16,35
- 瀬戸内海 ……… 10,14,21,38
- 尖閣諸島 ……… 12,13
- 線香 ……… 39

た

- 堆（バンク） ……… 11
- 大西洋 ……… 5
- 台風 ……… 14-17,21,25-28,31
- 太平洋 ……… 5,10,11,21,38,42-44
- 大陸棚 ……… 11,12
- 竹島 ……… 12,13
- 種子島 ……… 24,34,35
- 種子島宇宙センター ……… 35
- たらい舟 ……… 41
- 暖流 ……… 10,25,28,40
- 地下ダム ……… 27
- 地球儀 ……… 6-8
- 千島海流（親潮） ……… 10,42
- 中国（中華人民共和国） ……… 3,4,12,34
- 対馬 ……… 24,36,37
- 対馬海流 ……… 10,40
- 梅雨（梅雨前線） ……… 14-17,25,39
- 吊リタマネギ ……… 39
- 低気圧 ……… 16,20,21
- 鉄砲 ……… 34
- 道遊の割戸 ……… 40
- トキ ……… 41
- 都市型水害 ……… 17
- トラフ ……… 11

な

- 永田浜 ……… 33
- 凪／朝凪／夕凪 ……… 20
- 夏日／真夏日／猛暑日 ……… 18
- 那覇 ……… 15,25,26,30
- 鳴門の渦潮 ……… 38
- 西之島 ……… 44,45
- 日較差 ……… 18
- 日本海 ……… 10,11,21
- 日本海溝 ……… 11
- 日本海流（黒潮） ……… 10,25,28
- 熱帯夜 ……… 18,19
- 年較差 ……… 18,25
- 海苔 ……… 39

は

- 排他的経済水域（EEZ） ……… 12,13
- 歯舞群島 ……… 42,43
- 東シナ海 ……… 10,11
- ヒートアイランド現象 ……… 19
- 標準時子午線 ……… 9
- ヒンプン ……… 26
- フェーン現象 ……… 21
- 福地ダム ……… 31
- 冬日／真冬日 ……… 18
- プランクトン ……… 11,38
- プレート ……… 11
- 北方領土 ……… 12,13,42
- 本初子午線 ……… 6,7,9

ま

- マングローブ ……… 30
- マンゴー ……… 28
- 万関瀬戸／万関橋 ……… 37
- 南アメリカ大陸 ……… 5
- 南鳥島 ……… 13,44
- 宮之浦岳 ……… 32,33
- メルカトル図法 ……… 7
- もずく ……… 28

や

- 屋久島 ……… 16,24,32,33
- 屋久杉 ……… 33
- 山原 ……… 31
- ユーラシア大陸 ……… 4,5
- 与那国島 ……… 13

ら

- ラムサール条約 ……… 33
- リアス海岸 ……… 37
- 陸風 ……… 20
- リマン海流 ……… 10
- 琉球王国／琉球王国のグスク及び関連遺産群 ……… 29,35
- 琉球石灰岩 ……… 26,27,30,31
- 領土／領海／領空 ……… 12,13,42
- レアアース ……… 13
- 冷帯 ……… 14,33
- ロシア（ロシア連邦） ……… 3,4,13,42,43

47

監修　早川明夫（はやかわ あきお）

高校で教頭を勤めた後、文教大学で中高社会科の教員養成にあたる。現在、文教大学生涯学習センター講師。埼玉県歴史教育者協議会前会長で、専門は日本史。『ジュニアエラ』（朝日新聞出版）の監修・執筆、朝日新聞（埼玉版）「はぐくむ」の執筆、日本経済新聞の「ニュースにチャレンジ」、読売新聞のWEBサイト「ここが出る！新聞の読み方」などを担当。主な著書は、『総合資料日本史』（共著、令文社）、『最新社会科写真資料 歴史 上・下』（共著、日本書籍出版）、『応用自在・社会』（共著、学研）ほか多数。

おもな参考文献（順不同）

『帝国書院 地理シリーズ 日本のすがた（全9巻）』（帝国書院）、『自然のしくみがわかる地理学入門』（ベレ出版）、『日本の地理・21世紀 朝日ジュニアブック』（朝日新聞社）、『国土と日本人―災害大国の生き方』（中央公論新社）、『異常気象』（KKベストセラーズ）、『地理と気候の日本地図』（PHP研究所）、『新版　日本の自然 5 日本の気候』（岩波書店）、『火山入門 日本誕生から破局噴火まで』（NHK出版）、『地理学辞典 改訂版』（二宮書店）、『裏日本 ―近代日本を問いなおす―』（岩波書店）、『考える社会科地図』（四谷大塚出版・帝国書院）、『日本の国土とくらし（全8巻）』（ポプラ社）、『日本各地の伝統的なくらし（全7巻）』（小峰書店）、『新詳 資料 地理の研究』（帝国書院）、『日本国勢図会 2015／16』（公益財団法人 矢野恒太記念会）、『小学パーフェクトコース ？に答える！小学理科』（学研プラス）ほか
その他、小学校社会科用教科書および各市町村をはじめとするホームページを多数参考にさせていただきました。

写真提供・撮影協力（順不同）

Planet Observer/UIG/amanaimages(p3 宇宙から見た日本列島の周辺)／株式会社渡辺教具製作所(p.6 地球儀、p.6 地球儀からわかること)／EPA＝時事(p.12 竹島)／国土交通省 江戸川河川事務所(p.17 国土交通省 首都圏外郭放水路)／時事通信フォト(p25 沖縄の海開き、p45 1973年の西之島の噴火)／国指定重要文化財中村家住宅(表紙・p.26 台風にそなえた伝統的な沖縄の家)／MANABU WATANABE/SEBUN PHOTO/amanaimages(p.27 屋上に給水タンクがある沖縄の家)／沖縄県花卉園芸農業協同組合(p.29 飛行機で運ばれる沖縄の花)／首里城公園(p.29 首里城正殿)／沖縄都市モノレール（ゆいレール）(p.30 沖縄都市モノレール)／沖縄総合事務局 北部ダム統合管理事務所(p.31 福地ダム)／屋久島町立屋久杉自然館(p.33 縄文杉)／NPO法人 屋久島うみがめ館(p.33 永田浜のウミガメ)／西之表市役所(p.34 種子ばさみと種子包丁)／一般社団法人 安納いもブランド推進本部(p.35 安納いも)／国立研究開発法人 宇宙航空研究開発機構（JAXA）(p.35 種子島宇宙センター)／一般社団法人 対馬観光物産協会(表紙・p.36 石屋根、表紙・p.37 いりやき、万関橋)／北村真珠養殖株式会社(p.37 真珠の養殖)／農業生産法人 有限会社 新家青果(表紙・p.39 吊りタマネギ)／佐渡市(p.40 道遊の割戸、p.41 トキ、岩首の棚田、磯ねぎ漁)／北海道新聞社／時事通信フォト(p.43 色丹島)／朝日新聞社／時事通信フォト(p.13 南鳥島、沖ノ鳥島、p.13・43 択捉島、p.45 2013年の西之島)／小笠原海運株式会社(表紙・p.44 おがさわら丸、p.45 海水マットで靴底を洗うようす)／小笠原村観光局(p45 オガサワラオカモノアラガイ、オガサワラオオコウモリ)／海上保安庁(p.45 2015年の西之島)／佐渡市民(表紙 佐渡のトキ)／時事／pixta

この本づくりにたずさわった人たち

地図作成：株式会社ジェオ（大野久徳、堀江謙一、笠木 成、小倉幸夫）／デザイン・装丁：野村義彦（ライラック）／イラスト：今田貴之進／企画・編集：篠田一希

立体地図で見る　日本の国土とくらし　① あたたかい土地のくらしと島

2016年9月20日　初版第1刷発行　　2019年4月25日　初版第3刷発行

監修　早川明夫

編集　国土社編集部

発行　株式会社 国土社
　　　〒101-0062　東京都千代田区神田駿河台2-5
　　　TEL 03(6272)6125　FAX 03(6272)6126
　　　URL　http://www.kokudosha.co.jp

印刷　株式会社 厚徳社

製本　株式会社 難波製本

NDC291　48p／29cm　ISBN978-4-337-28201-8　C8325
Printed in Japan　©2016 kokudosha

立体地図で見る 日本の国土とくらし 全5巻

❶ あたたかい土地のくらしと島

世界のなかの日本／日本のまわりの海／日本の端と排他的経済水域／雨温図と日本の気候区分／さまざまな降水量／さまざまな気温／日本の島々／あたたかい土地のくらし―沖縄島―／屋久島／種子島／対馬／淡路島／佐渡島／北方領土の島々／小笠原諸島　ほか

❷ 雨の少ない土地のくらしと海岸・半島

雨の少ない土地のくらし―讃岐平野―／瀬戸内海／日本の半島と湾／知床半島／下北半島と津軽半島／男鹿半島／三陸海岸／房総半島と三浦半島／伊豆半島／渥美半島と知多半島／能登半島／志摩半島／丹後半島／鳥取砂丘／島原半島／日本のラムサール条約登録地　ほか

❸ 低い土地や寒い土地のくらしと平野・川

低い土地のくらし―濃尾平野―／寒い土地のくらし―十勝平野―／日本の平野と川／石狩平野／庄内平野／仙台平野／越後平野／関東平野／大阪平野／出雲平野／広島平野／日本の湖／日本の国立公園　ほか

❹ 高い土地のくらしと火山・台地

高い土地のくらし―野辺山原―／日本の活火山／富士山／阿蘇山・くじゅう連山／浅間山／日光白根山／御嶽山／日本の台地／根釧台地／牧之原／武蔵野／シラス台地／秋吉台　ほか

❺ 雪の多い土地のくらしと山地・盆地

雪の多い土地のくらし―十日町盆地―／日本の山地・山脈／日本の盆地／石狩山地／奥羽山脈／北上盆地／郡山盆地／日本アルプス／諏訪盆地／甲府盆地／紀伊山地／近江盆地／京都盆地と奈良盆地／四国山地／九州山地／日本の世界遺産　ほか